그냥 좀 괜찮아지고 싶을 때

그냥 좀 괜찮아지고 싶을 때

이두형
정신건강의학과 전문의

이따금 우울하고 불안한
당신을 위한 마음의 구급상자

심심

혼자만 알기에는
너무 아깝고 중요한 것들

~~~~~~

어릴 적 나는 전형적인 '문돌이'였다. 적성검사를 하면 적합한 직업으로 늘 언어학자, 변호사가 나왔다. 초등학교와 중학교 때는 아무도 찾지 않는 학교 도서실을 홀로 지키곤 했다. 글을 읽고 내 마음 가는 대로 머릿속에 그 장면을 그리는 것이 좋았다.

중학교 때부터 15년간 내 곁을 지켜준 우리 집 막냇동생 '깐순이'가 너무 사랑스러운 나머지 느닷없이 수의사가 되겠다 마음먹지 않았더라면, 취업 걱정이 앞서지 않았더라면, 이과를 선택하지도, 수학 때문에 고생하지도 않았을 것이다. 많은 이의 기대와 성적, 그리고 어렵진 않지만 그리 넉넉하지 않은 형편에 가장 알맞은 선택을 하여 의대에 진학했다. 의학도의 길은 내게 과분했다. 배부른 소리일지도 모르겠으나 그럼에도 타고 난 문돌이의 갈증이 남아 있었다. 검사 수치와 진단명으로 표현되지 않는 사람, 삶의 이야기에 목말랐다. 그러던 내게 정신의학은, 의학은 의학이나 사람 냄새 나는 의학이었다. 비로소 숨통이 트였다.

정신과 의사가 되기 전에는 막연히 이 직업에 대한 환상이 있었다. 정신건강의학과 전문의가 되면 마음에 통달해서, 그야말로 도를 깨쳐 감정에 연연하지 않고 고통에서 자유로워지겠지 하는 생각이었다. 그런 여유를 바탕으로 다른 사람의 마음을 읽고, 괴로워하는 구석을 단박에 해결할 수도 있겠지 하는 허황된 희망. 막상 정신과 의사가 되고 보니 그런 생각은 말 그대로 순진한 환상, 그 이하도 이상도 아니었다.

정신과 의사로 산다고 해서 감정이 무뎌지는 것도, 고통이 사라지는 것도 아니었다. 여전히 지하철은 만원이었고 월급은 적은데 세금은 과했으며 격무에 시달릴 때면 도망치고 싶었다. 또 정신의학은 나를 초월자, 독심술사, 구원자로 만들어주지 않았다. 살아온 세월, 환경, 가치관이 다른 각각의 환자들을 만나는 일은 언제나 미지의 세계를 더듬는 일이었다. 그 앞에서 어쩔 수 없이 마주하는 한계, 나를 찾는 모두를 도울 수는 없다는 현실 앞에 좌절하기도 했다. 그럼에도 불구하고 정신의학은 나를 매료시켰다. 정신건강의학과 전문의, 치료자이기 이전에 삶을 살아가는 한 인간으로서 사람의 마음에 관해 공부하며 늘 생각했다. 그때 이걸 알았더라면, 그때 이 관점으로 생각하고 이 마음으로 살아갔더라면 얼마나 좋았을까.

정신의학은 마음이 어떻게 만들어지는지 그 원리를 알게 해주었다. 또 내 삶이 그토록 버거웠던 이유, 과거의 나를 포함해 많은 이를 살아가게 하는 이유, 그리고 사느라 바빠 쉽게 잊고 마는 삶의 소중함을 돌아보게 하는 방법도 알려주었다. 무엇보다 어느 누구든 자신이 원하는 삶을 향해 나아갈 수 있고 그럴 권리가 있다는 사실을 되새겨주었다. 이 모든 것이 나 혼자만 알고 간직하기에는 너무 아깝고 중요했다. 문돌이의 꿈을 되살려 글을 쓰기로 했다.

지나고서야 깨닫는 것들이 있다. 그때 그에게 그 말은 하지 말았어야 했는데, 그때 그 기회를 놓치지 말았어야 했는데, 그때 그게 전부가 아니었는데. 그러나 지나고서야 깨닫는 것들이란, 지나고서야'만' 깨달을 수 있다. 그립기도 하고 후회도 되는 그 시간들을 되돌릴 수 없기에 내가 할 수 있는 일은, 그저 쓰는 것뿐이었다. 다시는 돌아올 수 없는 그때의 내게, 그리고 지금 잠 못 이루는 시간들을 보내고 있는 당신에게 꼭 전하고 싶은, 어느새 마음속에 가득 고인 이야기들을 하나둘씩 꾹꾹 눌러 썼다.

쓴 글을 마땅히 전할 길이 없어 블로그에 올렸는데 첫 2년간 방문자는 마흔 명 남짓(하루 방문자가 아닌 2년간의 총 방문자 수다)이었다. 그런데 그분들께서 내 글이 큰 위로가 됐다는 길고긴 댓글을 남겨주셨다. 더없는 보람이었다. 같은 시대를 살아가며 때론 비슷한 고민을 품고 사는 한 인간으로서 나도 그들의 글에 위로받았다. 그 힘으로 계속 썼다. 그렇게 무작정 써내려간 글이 〈정신의학신문〉과 포털사이트 한 구석에 오르더니 인연과 인연이 쌓여 어느새 책 한 권이 되었다.

이 책은, 당신의 마음에 걸어주고픈 너와 내가 살아가는 이야기다. 아끼는 친구가 술자리에서 하소연을 한다면 꼭 들려주고 싶은 이야기, 내 삶에서만 써먹기엔 아까운 이야기, 정신과 문을 두드리기를 망설이는 사람들에게 용기를 주는 이야기, 남모를 슬픔으로 눈물짓는 당신에게 닿았으면 하는 이야기, 사랑하는 사람들에게 그리고 험한 세상을 살아갈 내 아이에게 꼭 전해주고 싶은 이야기, 그런 이야기들을 모래사장에서 조개껍질을 주워 모으듯 서툰 단어로 모아 엮었다.

책의 제목을 두고 장고했는데 쉽사리 정하기 힘들었다. 너무 무겁거나 가벼운, 혹은 지나치게 진중하거나 유치한 제목들 사이에서 방황했다. 그러다 무심코 서점에 들렀다가 우연히 이 책을 집어든 당신의 마음을 생각해보았다. 삶의 구원을 얻고 싶을까? 완전히 잘못된 마음을 수정하고 싶을까? 그보다는 그냥 오늘만은, 조금 마음이 괜찮아지고 싶은 게 아닐까. 그래서 '조금 괜찮아지고 싶을 때'다. 삶과 사람 사이에서 하염없이 방황하던, 참 안쓰럽고도 애틋한 그때의 나 역시, 어느 날 갑자기 행복이 충만해지길 바랐던 건 아니다. 그저 조금만 괜찮아지고 다음 날 또 하루만큼만 괜찮아지고 싶었다. 그때의 내게는 전할 길 없는 이 이야기들이 지금의 당신에게는 닿아 위로와 영감, 격려가 되기를 기도해본다.

나를 한 명의 사람으로 키워주시고 정신의학도의 길을 걷게 해주신 스승님들, 언제나 보고 싶은 소중한 벗들, 어느 병원에서도 유래를 찾기 힘들 정도로 따뜻한, 선물과도 같은 의국 선후배들, 서툰 글을 세상과 나누는 데 너무도 과분한 도움을 주신 〈정신의학신문〉 선생님들, 취미로 글을 쓰던 흔한 정신과 의사에게 작가의 꿈을 다시금 선사해주시고 나보다 더 내 글을 깊이 읽으며 다듬어주셨던 푸른숲 이은정 편집장님, 생각만

머리말

해도 대견하고 흐뭇한 내 동생, 삶을 주시고 삶이란 살아볼 만한 것임을 손수 보여주신 부모님께 감사의 말씀을 올린다. 그리고……

당신을 표현할 수 있는 어떤 언어보다 더 귀하고 감사한, 삶의 마지막을 함께할 아내 김지이.

태어나서 처음으로 나보다 소중한 사람이 존재할 수 있음을 알게 해준 아들 성훈에게 이 책을 바친다.

이두형

차례

1

마음의 연고, 감정이 다쳤을 때

조그만 일에도 두근두근,
내 마음속의 알람

조절되지 않는 불안과 교감신경

아무리 좋아하는 곡이라도 알람으로 쓰진 않는다. 아까워서다. 질릴까 듣기조차 아까웠던 곡이 세상 가장 듣기 싫은 곡으로 바뀌는 데 일주일이 채 걸리지 않는다. 삶을 이어가기 위해 시간을 쪼개 팔아야 하는 것이 자본주의의 비애다. 원하는 시간에 일어날 자유는 비싸다. 이를 굳이 삑삑거리며 알려주는 소리는 당연히 괴롭다.

알람은 수면 상태의 뇌를 깨우는 기능을 한다. 우리 의식은 뇌 내 망상활성계reticular activating system에서 관리한다. 이곳이 활성화되면 의식은 각성되고 활성이 줄어들면 침잠한다. 알람은 청각적 자극을 통해 망상활성계를 활성화하여 기상을 유도

　　　　　마음의 연고, 감정이 다쳤을 때

한다. 잠든 대뇌에 '활동할 시간입니다, 오늘도 열심히 버셔야지요' 하고 신호를 퍼뜨리는 것이다.

우리 몸에도 알람이 있다. 바로 교감신경이다. 자명종이 잠든 나를 깨운다면, 교감신경은 위기 상황에서 개체가 적절한 대처를 하도록 이끈다. 말하자면, 위협에 대응하는 생체 알람인 셈이다.

교감신경이 하는 일에 관한 꽤나 멋진 표현이 있다. 투쟁 도피 반응, 영어로 'Fight or flight(라임이 맞아서 더 멋지다) response'다.

출근길에 호랑이를 만난다면

출근을 하려는데 차문 앞에 웬 호랑이 한 마리가 앉아 있다고 가정해보자. 피 묻은 발톱과 팔뚝만 한 어금니가 망막에 맺혀 뇌로 인식된다. 비릿한 짐승의 향이 코끝을 스친다. 본능적으로 죽음을 느낀다. 의식의 속도보다 더 빠르게 교감신경이 작동한다. 상대를 더 잘 보기 위해 눈이 번쩍 뜨이고 동공이 확장된다. 한가하게 소화나 시킬 때가 아니니 위장의 혈액이 온몸의 근육으로 몰린다. 잔뜩 수축한 근육들이 불룩거리고 표정이 헐크처럼 일그러진다. 미친 듯 펌프질하는 심장 박동이 머리끝까지 느껴진다.

　이제 몸은 준비됐다. 터질 듯 달아오른 허벅지로 달려 도망을 치거나[flight], 죽어도 지각은 할 수 없는 현실에 이를 악물고 호랑이를 때려눕힌 다음[fight] 출근을 하면 된다.

　맹렬한 추위와 배고픔에 시달리고 호시탐탐 내 목숨을 노리는 맹수가 득실거리는 자연상태의 인류는 끊임없이 생존의 위협에 직면했다. 위협을 포착한 개체는 도피할지 맞서 싸울지 빠르게 선택해야 했다. 찰나의 머뭇거림은 곧 죽음을 의미했다. 그래서 생체 알람, 교감신경은 의식 수준을 거치지 않고도 빠르게, 자동적으로 조절되도록 진화했다. 어떻게 할까, 곰곰이 생각해 '의식적으로' 결정하기도 전에 이미 교감신경이 활성화되고 온몸에 아드레날린이 분비되기 시작한다. 흘러넘치는 아드레날린의 영향으로 심장이 쿵쾅거리고 모근이 수축해 등의 털이 곤두서지만 이를 느낄 틈도, 여유도 없다. 교감신경이 죽음의 경보를 울리고 있다. 인간은 겁에 질린 채 도망쳐야 했다. 살아남으려면.

　그런데 우리가 살면서 야생 호랑이를 만날 일이 있을까? 길을 건너다 달려오는 차량을 맞닥뜨린다든지, 폭행 시비에 휘말린다든지 하는 예외적인 상황이 아니라면, 현대사회에서 생존의 위협을 마주하는 일은 드물다. 위험은 현저히 줄었는데 경보신호는 그대로 남아 현대를 살아가는 우리를 예기치 않게 깜짝 놀라게 한다. 우리의 신체는 지금이 아닌 동굴을 찾아온 호랑이와 맞서던 태고에 머물러 있는 것이다. 그 이유는 사회발전과 신체 진화 사이의 시간차에 있다. 200만 년 인류의 역사는 개인의 삶과 비교하면 참으로 긴 시간이지만 진화의 관점으로 보면 찰나다. 사회환경은 10년, 아니 1년만 지나도 격변하는 데 반해 개체의 변화는 한 세대, 그러니까 20~30년에 한 번 이루어지는 성선택과 극히 미약한 DNA의 돌연변이를 기반으로 한다. 위협을 그때그때 제거해온 사회의 변화 속도를 따라잡기에 진화의 속도는 턱없이 느리다.

불안을 진정시키는 첫걸음

일상에서 온몸의 힘을 끌어올려 싸워 이기거나 도망쳐야 하는 상황은 더 이상 찾아보기 힘들다. 오히려 마음을 차분히 가라앉히고 가다듬어 신중을 기해야 할 임무는 늘었다. 흥분, 격정보다 침착, 냉정이 현대에 더 적합한 덕목이다. 극도의 흥분 상태에서 최대한의 근력을 끌어내 짐승을 물리치던 인간은, 그 시절 그대로의 생리작용의 지배를 받는 몸으로 정밀기계를 조작하고 어려운 시험문제를 풀어야 한다. 초조한 감정과 각성된 신체 능력은 현대사회의 문제를 풀어내기에 불필요하며 외려 집중을 저해하고 판단을 흐리게 한다. 원시생활에 맞추어 놓은 생체 알람인 교감신경은 그래서 때로 성가시고 불편하게 작동한다.

'꼬박 일 년을 준비한 시험을 치르는데 점점 땀이 비 오듯 쏟아진다. 다리가 자꾸 후들거리고 귀에서 이상한 소리가 들린다. 정신이 아득해진다. 글이 글로 읽히지 않고 그림으로 보인다. 쓰러질 것만 같다.'

'짝사랑하는 그와 모퉁이에서 갑자기 부딪힐 뻔했다. 웃으며 자연스레 인사해야지 생각했지만, 얼굴이 붉어져 터질 것 같다. 호흡이 점점 가빠진다. 말을 하려는데 목이 자꾸 잠긴다. 심장이 쿵쿵거려 튀어나올 것 같다. 말 한마디 못하고 허둥지둥 자리를 피한다.'

남몰래 좋아하던 이와 갑자기 마주쳤다고 해서 심장이 멎는 것은 아니다(그런 느낌은 들 수 있다). 시험을 망친다고 해서 삶이 끝나는 것은 아니다(삶의 무게에 지치다 보면 그렇게 생각할 수는 있다). 하지만 그러한 감정이나 생각과 연계되어 작동하는 교감신경의 작용은 퍽 곤란할 수 있다. 짝사랑하는 이를 때리거나[fight] 시험에서 도망칠 수는[flight] 없는 노릇이지 않은가.

시험을 치고 사람을 대하고 맡은 임무를 수행하는 일상의 여러 일들은 일종의 위협일 수는 있다. 중요한 일일수록 잘해내지 못했을 때의 부정적인 결과가 상상이 되고, 이는 개체에 두려움을 유발한다. 예컨대 수능을 앞둔 수험생은 시험을 망쳐 원하는 대학에 가지 못하는 모습을 떠올리며 불안에 휩싸인다. 2배수의 입사 면접을 앞두고 있는 사람은 내가 탈락하는 상상, 그이후 이어질 일들이 꼬리에 꼬리를 물며 떠올라 두려움을 느낀다. 이 '두려움'이 핵심이다. 의식적이든 무의식적이든 두려움을 인식한 우리 몸의 생리는 자동적으로 생존 위협의 알람을 켠다.

생각과 감정, 그리고 신체는 서로 상호작용을 한다. 아이러니하게도 '긴장하면 안 된다'는 생각을 하는 순간, 감정은 '무언가가 잘못됐거나 잘못될 가능성이 있다'고 인식해 교감신경에 신호를 보낸다. 이 신호는 교감신경을 흥분시킨다. 불필요한 긴장이나 불안으로 인한 감정적 소모는 겪어본 사람이 아니면 가늠하기 어려울 정도로 고통스럽다.

그렇다면 생각과 감정, 신체가 상호작용하는 것을 역으로 이용하면 어떨까. 아무런 일도 없는 주말, 예컨대 시험을 끝마쳤거나 중요한 업무를 주중에 모두 마무리해 개운한 날을 떠올려보자. 라면 두 개를 끓여서 다 먹고 아무 생각 없이 티브이를 켰을 때를 상상해보는 것이다. 좋아하는 예능 프로그램을 보며 웃다 보니 노곤하다. 따로 걱정할 일도, 신경 쓸 일도 없다. 티브이는 재밌고 이불은 포근하다. 한 주 동안 미뤄둔 잠이 밀려온다. 소화가 촉진되고 고단했던 몸과 뇌가 안식을 취한다. 신체가 현재를 편안하고 안전한 순간으로 인식해 전신 근육의 긴장을 풀고 뇌의 혈류를 위장관으로 돌리며 생기는 현상이다. 아수라 백작의 두 얼굴처럼 한 몸에서 교감신경과 반대(길항)로 작용하는 부교감신경이 작동하는 순간이다.

이 부교감신경의 작동을 활용하는 것이다. 시험지 앞에서, 면접관 앞에서, 상사 앞에서, 하루에도 긴장의 연속인 현실은 어쩔 수 없다. 불안을 진정시키는 첫걸음은 내가 느끼는 불안의 정체를 '이해'하는 것이다. 잠자는 사자를 발견했을 때 그 앞에서 소리를 지르고 흥분하는 것은 사자를 깨우는 지름길이다. 초조할수록 교감신경을 깨우지 않도록 평안할 때의 내 모습을 떠올리며 마음을 가다듬는 것이다.

마음의 연고, 감정이 다쳤을 때

마음이 고요하던 때의 몸이 작동하던 대로 숨이 가쁠수록 천천히 호흡하고 신체가 경직될수록 긴장을 풀고 이완하다 보면 교감신경도 현재를 편안하던 때로 '착각'한다. 다가올 결과를 생각하기보다 그저 지금 내가 할 수 있는 일을 하며 몸을 가라앉히고 마음을 비우는 것이다. 그리고 곰곰이 생각하면 떠오르는, 스스로를 불안하게 했던 생각을 되짚어 보며 마음의 알람이 조금씩 서서히 멈추기를 기다리는 것이다. 이윽고 흥분하던 생리 반응이 진정된다. 물론 이 과정에 익숙해지려면 연습이 필요하다.

그 일은 당신을 죽이지 못한다

전공의 시절 제법 중요한 발표를 할 기회가 있었다. 당시 근무하던 지역 인근에 계시는 전문의 선생님들을 모시고 환자 케이스에 관해 논하는 대규모 집담회였다. 정신과에 몸담은 지 겨우 2년가량 된 초보가 적게는 20년, 많게는 50년 이상 일해온(말 그대로 70세 이상의 노교수님도 계셨다) 선배들 앞에서 환자를 진단하고 치료할 방법에 대해 이야기해야 하는 것이다. 한 달간 머리를 쥐어짜 준비한 발표 자료는 미흡하기만 했다.

당연히 자신이 없었다. 긴장도 되고 자꾸만 발표를 망

치는 상황이 머릿속에 그려졌다. 사람들 앞에서 버벅대는 모습, 질문에 당황하고 제대로 답하지 못하는 모습이 상상됐다. 나중에는 발표 생각만 해도 가슴이 두근거리고, 머릿속이 하얘졌다.

마침 인지행동치료에 심취해 있던 시기였다. 하루는 배운 대로 최대한 깊이 심호흡하며 떠오르는 생각을 찬찬히 돌아보았다. 발표를 잘해 인정받고 싶은 마음, 잘하지 못했을 때 이어질 망신에 대한 두려움, 교수님과 의국 선배 들을 실망시키고 싶지 않다는 바람이 머릿속에 떠다녔다. 모호했던 불안의 실체가 조금 더 선명하게 보이는 기분이었다. 불현듯 한 가지 생각이 머리를 스치고 지나갔다. '어차피 준비한 것보다 더 잘할 수는 없고 잘하든 못하든 한 만큼 인정을 받을 거다. 그런데 긴장 때문에 발표를 제대로 하지 못하면 그건 너무 억울한 일이다. 호흡을 차분히 가다듬으면서 준비한 만큼만 하고 내려오자.'

마음을 굳게 먹고 호흡을 가다듬은 결과 훌륭히 발표를 마쳤고 찬사를 받았다는 훈훈한 결말이길 바랐지만, 아쉽게도 그러지 못했다. 적당한 긴장, 적당한 두근거림 속에 발표를 마쳤다. (지금 스스로 돌아봐도 허접한) 발표 내용 자체로는 그다지 호평을 받지 못했을 뿐 아니라 그래서인지 평소 집담회보다 질문도 많았다. 그저 아는 만큼만 성의껏 열심히 대답했다. 여러모로 진땀을 빼는 상황이었지만 당시 지도 교수님께서 건넨 칭찬 한마디를 생각하면 지금도 미소가 떠오른다. "내용과 상관없이 쏟아지는 질문에 의연히 대처하는 모습이 흡사 장판파의 장비 같았다."

　　긍정적으로 생각하면 불안이 해소되고 모든 것이 잘 풀린다는 걸 내가 증명해보였다면 좋겠지만 현실은 그렇지 않았다. 그러나 마음속 두려움의 정체가, 실제 벌어진 일이나 현실 때문이 아니라 '그럴 것이다'는 막연한 추측과 예단 때문임을 자각할 계기는 되었다.

　　살짝 스쳐가는 부정적인 생각들이 나를 '두 번' 괴롭히는 경우가 많다. 그러나 실제의 나는, 마음이 가두는 나보다 더 강하다. 두려움에 반응하는 몸의 작동방식을 이해하고 두려움을 다독이다 보면 두근거리는 가슴이 진정되고 한 걸음 내디딜 길이 보이기도 한다.

　　지금까지 몸의 알람에 일방적으로 끌려다니기만 했다면 이제는 내가 먼저 알람을 꺼보자. 방법은 대단하지 않다. 편안하던 때를 떠올리며 천천히 호흡하고 자세를 이완해 놀란 몸에게 '불안하지 않아도 된다'는 신호를 주는 것이다. 크게 한숨 내쉬고 '어차피 이 일은 나를 죽이거나 잡아먹지 못해'라는 말을 되뇌고 지금 할 수 있는 일을 하는 것. 원하는 결과를 얻지 못할 수 있다. 그러나 적어도 닿은 발끝에서 삶은 이어지고 있을 것이다.

⌒⌒   일상생활에서 교감신경을 진정시키고 부교감신경을 활성화하는 손쉬운 방법 중 하나가 복식호흡이다. 지금 있는 곳이 회사든, 집이든, 지하철이든, 어디든 상관없다. 눈을 감은 뒤 몸에서 힘을 빼고 앉아 지긋이 숨을 쉰다. 최대한 천천히 들이마시며 공기가 코를 타고 몸속으로 들어와 가슴을 지나 배를 불리는 것을 느낀다. 이제 최대한 천천히 내쉰다. 그리고 머릿속에 지금까지 들른 장소 중 가장 상쾌하고 편안했던 곳의 느낌을 떠올린다. 그때 불어온 바람, 바다 내음, 지저귀는 새소리……. 어느새 몸과 마음은 그곳의 그때로 돌아가 있을 것이다.

마음의 연고, 감정이 다쳤을 때

힘든 건 마음이
약해서일까

비슷한 듯 다른 고통과 나약함

'아침에 일어나면 아무것도 하기 싫어요. 하루 종일 우울하기만 하고 가슴도 답답해요. 참아보다가 겨우 가족들한테 이야기를 했어요. 걱정해주고 위로도 해줬지만, 결국 하는 말이 마음이 약해서 그렇대요. 운동이 좋다고도 하고 의미 있는 일을 하면 좋아진다고도 해요. 저는 진짜 죽을 것 같은데, 웃긴 건 그럴만한 이유가 딱히 없으니까 가족들 말을 따라보기로 했죠. 그래서 헬스도 등록하고 영어 학원도 다녀봤는데 그럴수록 자꾸 무리하는 것 같고 더 힘들어요. 노력하면 할수록 더 아무것도 못하겠어요.'

마음의 연고, 감정이 다쳤을 때

"우울한 건 마음이 약해서 그렇다", "결국에는 개인의 의지에 달린 거다", "마음만 잘 먹으면 얼마든지 이겨낼 수 있다"……. 진심에서 나온 나름의 충고이지만 진심이어서 더욱 상처가 되는 이야기들. 위로를 가장하여 일상에서 자주 오고가는 이 말은, 나를 찾았던 많은 이가 정신과 문을 두드리는 것을 망설이게 만든 가장 큰 이유이기도 했다. 어쩌면 '마음의 문제'라는 말은 마음만 잘 먹으면 괜찮아질 거라는 말, 다시 말해 다른 건 문제가 아니고 '마음만 문제'라는 것을 돌려 말하고 싶을 때 쓰는 말은 아닐까.

굳게 마음먹어도 이겨내기 힘든 고통

평안, 즐거움처럼 절망, 좌절도 일상적인 감정이다. 아무리 행복한 이도 힘들어본 경험이 있다. 어렴풋하게 느껴지는 감정을 표현하고자 인간은 언어의 힘을 빌린다. 가만히 있어도 좋은 생각이 떠오르고 마음이 간질거리는 기분, 크게 웃으며 마구 뛰어다니고 싶거나 삶이 만족스러워 벅찬 느낌 등을 '기쁨'이라 이름 붙여 소통에 사용한다. 납으로 마음을 짓누르는 듯한 답답함, 아무것도 하기 싫고 눈물만 나오는 감정, 삶의 명도와 채도가 낮아지는 느낌을 '슬픔'이라 부르기로 약속한다.

다만 사람마다 경험은 제각각이고 삶의 맥락이 다르기에 다른 사람의 기쁨과 슬픔을 그 사람이 느끼는 그대로 느끼기는 어렵다. 누군가에게 슬프다는 말을 들었을 때 내 마음에는 그가 힘든 그 감정 그대로가 아니라 내가 슬퍼봤던 경험과 감정, 힘든 정도가 떠오른다. 단어가 연상시키는 각자의 슬픔으로 상대의 이야기를 듣는다. 그의 슬픔은 당신의 슬픔보다 더 짙을 수 있다. 마찬가지로 지금 당신의 슬픔은, 세상 어느 누가 이해해주기 힘들 정도로 깊을 수 있다.

삶이 항상 원하는 대로 풀리지는 않지만, 우리는 그 방향을 조금이라도 원하는 쪽으로 돌리기 위해 매순간 애쓴다. 예기치 않은 고통을 맞닥뜨렸을 때 한동안 좌절하지만, 마음속에 '되고 싶은 나, 살아가고 싶은 삶의 모습'를 떠올리며 다시금 일어선다. 힘든 시간을 지나온 사람은, 그만큼의 어려움을 또다시 겪을 때 처음보다 더 의연하고 수월하게 대처한다. 흘려보냄으로써 오염을 스스로 정화하는 물의 자정작용처럼 시간과 의지로 삶의 아픔을 정화할 능력이 우리 마음에도 있다. 흔히 말하는 '굳게 마음먹기'의 정체다.

다만 오염이 심해지면 물의 자정능력을 넘어서게 된다. 이는 마음도 마찬가지다. 수용 가능한 좌절, 견뎌낼 만한 슬픔을

마음의 연고. 감정이 다쳤을 때

넘어서는 절망이 찾아오면 마음도 스스로를 다독일 능력을 잃는다. '굳게 마음을 먹어도' 이겨내기 힘든 고통은 있다.

수용할 수 없을 것 같은 좌절, 견뎌내지 못할 것 같은 슬픔을 해소하는 일은 참으로 힘든 과제다. 그렇기에 아픔을 딛고 다시금 일상을 되찾은 이들의 경험은 분명 특별하다. 많은 사람의 회복담이 인터넷의 짧은 글로, 미담으로, 또 책으로 널리 알려지고 공유된다. 하지만 자기계발서의 성공담을 모든 사람에게 일괄적으로 적용할 수 없는 것처럼 누군가의 회복 과정이 모두에게 같은 효과를 내리라고 볼 수는 없다.

불굴의 노력으로 좌절을 이겨낸 이의 스토리가 타인에게 영감을 주는 것은 물론 좋은 일이다. 그러나 그 '훌륭한 성공담'은 끊임없이 좌절하고 힘들어 하는 사람에게 '나는 능력이 부족해', '나는 실패했어'라는 자기비하와 폄하를 낳기도 한다. 슬픔을 단지 '더 나아지기 위한 과정이며 의지만 있다면 충분히 극복 가능한 것'으로 표현할 때 도저히 벗어날 길 없는 아픔에 신음 중인 이들은 스스로의 부족함을 탓하며 한 번 더 좌절한다. 편견은 한 번도 힘들어보지 않은 이들의 시각이 아니라 절실한 아픔을 회복한 이들의 경험에서 비롯될 수도 있다. 서글픈 역설이다.

당신은 잘못되지 않았다

힘듦은 스펙트럼 개념으로 이해해야 한다. 힘듦의 정도와 종류는 다양하다. 위로받고 스스로 이겨낼 수준의 아픔도 있고 치료받고 회복해야 할 정도의 절망도 있다.

다리를 다치는 것에 비유해보자. 뛰어난 운동선수도 다리가 부러질 수 있다. 부러진 다리는 우선 움직이지 않도록 고정해야 한다. 마음을 단단히 먹는 것과는 별개로 뼈가 단단히 붙으려면 시간과 치료가 필요하다. 잘 쉬고 잘 먹어야 한다. 뼈가 붙더라도 바로 달릴 수는 없다. 한 걸음 한 걸음, 쇠약해진 근육과 인대를 회복시킬 적절한 강도의 재활이 필요하다.

마음도 마찬가지다. 마음이 살짝 지친 정도라면 연차를 내거나 여행을 떠나는 방법으로 쉬면서 원래 상태로 회복할 수 있다. 하지만 부러진 마음은 치료받아야 한다. 예컨대 깊은 우울증으로 삶의 모든 의미를 잃어버리고 구체적인 자살 계획을 짜는 데만 몰두하는 이가 있다고 하자. 그에게 '자살의 반대말은 살자' 혹은 '힘든 일에도 언제나 긍정적인 면이 있어'라는 말, '힘들수록 몸을 많이 움직여야 해', '몸이 편해서 그런 것이니 취미를 가져보고 일용직이라도 구해봐' 같은 조언이 얼마나 도움이 될까. 이러한 말들은 골절 환자에게 '이전에도 잘 달렸잖아.

마음의 연고, 감정이 다쳤을 때

마음만 먹으면 얼마든지 다시 뛸 수 있어'라고 이야기하는 것과 크게 다르지 않다. 그보다 지금 그에게 필요한 것은 자기 자신 조차 어쩔 수 없는 죽음의 충동으로부터 자신을 지켜줄 환경과 보호자, 의료진의 보호, 적합한 면담과 검사를 통한 진단, 적절한 치료다.

치료받지 않으면 회복되기 힘든 부상이 있듯 도움받지 않으면 홀로 제자리를 찾기 힘든 마음의 아픔도 있다. 운동선수의 부상이 심하다는 것이 그의 실력이 부족하고 의지가 약함을 의미하는 것은 아니다. 마찬가지로 극복할 수 없는 슬픔에 빠져 있다는 것이 의지의 부족함, 마음의 나약함, 삶의 실패를 의미하는 것은 아니다.

누군가의 아픔이 그를 규정짓지는 못한다. 마음속에 깊은 아픔이 있다고 해서 그가 부족한 사람이라는 증거는 아니다. 스스로의 마음을 다독이지 못하는 이유가, 그가 나약한 사람이기 때문도 아니다. 홀로 위로하기 어려운 아픔일수록, 상처를 다른 사람들이 알아주지 못할수록, 스스로를 더 깊이 돌봐주고 쓰다듬어줘야 한다. 필요하다면 정신과의 문을 두드려도 좋다. 당신은 누구도 알아주지 못하는 아픔으로 힘들 수 있다. 하지만 당신은 잘못되지 않았다.

왜 불안한지 몰라서
더 불안해

이유 없는 불안의 이유와 불안을 내려놓는 마음가짐

얼마 전 자정이 넘은 시간, 오랜만에 친구가 전화를 해왔다. 2차 회식 자리를 파한 뒤라고 했다. 결혼식 사회를 맡겼을 정도로 듬직하고, 평소 자기 고민을 털어놓기보다 남 이야기를 묵묵히 들어주는 친구였다. 이 시간에 이렇게 취해서 연락하는 건 이 친구에게 해결되지 않는 어려움이 있다는 징조였다.

"알지? 나 3년 만에 겨우 취직한 거. 다른 애들 회사 다닐 때 혼자 공부하느라 힘들어서 취직만 되면 아무 걱정 없겠다 싶더니 막상 취업하니까 오만 생각이 다 드네. 이 일 계속할 수 있을까 싶고, 언제 돈 모아서 결혼하나 싶고, 직장 그만두면 뭘 해야 하나 싶고……. 그래서 요새 영어 공부도 하고 수영도 다녀. 뭐라도 손에 잡히는 걸 하면 그때는 마음이 좀 괜찮거든. 근데 또 이게 큰 의미가 있다거나 필요해서라기보다 불안하니까 하는 것 같아. 왜 불안한지 모르겠는데 요즘 부쩍 초조한 마음이 드네."

술도 센 녀석이 한참을 취해서 뭉개지고 어눌한 말투로 말하는데도 하나하나 똑똑히 들리고, 마음 깊이 와닿았다. 디테일만 다를 뿐 결국 지금을 사는 우리 모두에게 해당되는 이야기이기 때문일 것이다.

삶의 불확실성을 통제하려는 마음

불안을 이해하기 위해 곧잘 비교하는 개념이 공포다. 우리는 대개 두려움, 공포, 불안 같은 단어를 비슷한 상황에 혼재해 사용하지만 엄밀히 따지면 의미에 차이가 있다.

공포는 이미 인식한 '외부의' 위협에 대한 두려움, 예컨대 뱀, 귀신, 살인마, 달려오는 차 등에 느끼는 두려움이다. 그에 반해 불안은 아직 구체화되지 않은 미래의 사건이나 대상을 미리 상상하며 겪는 '내적인' 위협이다. 면접에 떨어질까 봐, 사업이 실패할까 봐, 사랑하는 사람과 헤어질까 봐 두려워하는 것이 불안이다.

한마디로 공포는 구체화된 대상을 두려워하는 마음이고 불안은 스스로조차 실체를 알지 못하는 미래를 두려워하는 마음이다. 따라서 불안은 필연적으로 모호할 수밖에 없다. 예컨대 면접에서 무엇을 물어볼지, 고백했을 때 상대방이 어떤 반응을 보일지, 창업해서 성공할 것인지는 여러 가능성을 상상만 해볼 수 있을 뿐 결과를 미리 알 수는 없다.

아무리 이성적으로 생각하더라도 미래를 완벽히 내다볼 수는 없고 아무리 철두철미하게 준비한대도 원하는 결과를 온전히 담보할 수 없다. 삶은 언제나 불확실하다. 그래서 우리는 생각한다. '정해지지 않은 미래 때문에 걱정이라면 그 불확실성을 최대한 줄이면 불안도 줄어들지 않을까?'

그러나 안타깝게도 그렇지 않다. 오히려 역설적으로 불안은 삶의 불확실성을 '통제하려는' 마음에서 비롯된다. 조금 더 상세히 말하자면, 내가 어찌할 수 있는 것과 그러지 못한 것을 구별하지 않고 '내가 어찌할 수 없는 것 마저' 모두 통제하려는 마음이 불안의 씨앗이 된다.

취업 준비할 때를 생각해보자. 자격증을 취득하고 영어 점수를 쌓는 것은 현실적으로 할 수 있는 노력이다. 문제는 아무리 멋진 스펙을 갖추더라도 '무조건 합격'은 보장할 수 없다

마음의 연고, 감정이 다쳤을 때

는 데 있다. 아무리 따내기 힘든 자격이라도 '그' 회사에서 '그' 시기에 원치 않을 수 있고, 아무리 전문 지식이 출중하더라도 유독 이번 인·적성 검사에서는 내가 모르는 문제가 많이 출제될 수 있다. 스스로의 실력을 높이고 자격을 갖추는 것은 내게 달려 있으나 합격 여부는 내게 달려 있지 않다.

그러나 우리는 원치 않는 결과가 주어졌을 때 대개 스스로를 비난한다. '노력이 부족해서, 방향이 틀려서, 진심이 아니어서'라고. 때론 분노를 외부로 돌린다. '사회 구조에 문제가 있다'거나 '그 사람은 누구와도 잘 지낼 수 없는 사람'이라거나 '그 일만 아니었더라면 잘됐을 거'라고. 물론 이 모두가 근거 없는 이야기만은 아니다. 그러나 그것이 전부일 수는 없다. 공부를 열심히 해 시험을 잘 칠 수도 있지만 요행히 시험 직전에 본 문제가 많이 나올 수도 있다. 면접 준비가 미흡해 입사에 실패할 수도 있지만 면접관의 가치관이 나와는 상극일 수도 있다.

나름의 논리로 떠올린 내 탓, 상황 탓은 꽤 설득력이 있다. 하지만 몇 가지 논리로 완벽히 설명해내기엔 삶은 너무도 복잡하다. 깊이 생각하고 고민해서 내린 결론이 전혀 예상할 수 없던 돌발변수로 인해 무너져 내리는 일이 허다하다.

건강하지 않은 불안과 건강한 불안

삶은 '그래야 할 만한' 방향으로만 흘러가지 않는다. 선의가 언제나 아름다운 결과로만 이어지지 않듯 노력한 사람이 좋은 결과를 받는 것은 아니다. 가장 힘들고 열심히 일한 이에게 상응하는 보상이 주어지면 좋겠지만, 그렇지 않을 때도 많다. 하지만 우리는 이토록 야속하지만 분명히 존재하는 삶의 원리가 자신에게는 적용되지 않을 것이라 짐짓 생각한다. '그래도 나는 진심을 다하면 상대방이 내 마음을 알아줄 거야. 그래도 나는 열심히 하면 잘 되겠지. 미리 준비만 잘하면 원하는 대로 이루어질 거야.'

그러한 마음을 바탕으로 삶을 모두 원하는 결과로 채우려 한다. 다른 사람들이 시험에 통과하지 못하고 사업에 실패하는 것은 그들이 좀 더 치밀하지 못하고 진정성이 부족해서라 생각한다. 그들과 달리 '나'는 변수를 조금 더 세세히 고민하고 진심을 다해 대처하면 반드시 원하는 결과를 얻으리라 믿는다. 당연한 이야기지만 이러한 시도는 언젠가는 좌절될 수밖에 없다. 운이 좋아 성공하더라도 이는 온전히 내가 잘해서만은 아니다.

이는 철학적인 이야기가 아니다. 다분히 수학적인 문제다. 인간의 욕망은 무한하며 서로 비슷하다. 그에 반해 자원은 무한하지 않다. 내가 원하는 직장을 그도 원하고, 합격할 수 있는 자리는 한정되어 있다.

내 아이가 공부를 잘했으면 좋겠다고 생각하는 것은 자연스러운 마음이다. 하지만 '내 아이는 공부를 반드시 잘해야 하는데 그러지 못하면 어떡하지'라는 생각은 비슷한 듯 결이 다르다. 공부 잘하는 아이를 상위 10퍼센트라고 가정하면, 내 아이가 공부를 잘하지 못할 확률이 그럴 확률보다 아홉 배나 높다. 원하는 10퍼센트에 들기보다 원치 않는 90퍼센트에 들 확률이 높은 것이 삶이다. 그럼에도 '원하는 대로 이루어지지 않으면 어떡하지, 원하는 결과가 아닌 다른 결과가 생기면 어떡하지'라며 두려워하는 마음, 그 마음이 바로 '건강하지 않은' 불안이다.

안타깝게도 건강하지 못한 불안을 극적으로 없애는 묘책은 없다. 인생은 어차피 마음대로 되지 않으니 전부 포기하자는 이야기를 하려는 것은 아니다. 혹시 내가 어찌해볼 도리가 없는 결과와 성과 때문에 불안하지 않아도 되는 삶의 순간을 건강하지 않은 불안으로 물들이고 있는 것은 아닌지 생각해보았으면 한다.

사는 게 내 마음대로 된다면

불안에도 건강한 불안이 있다. 그것은 '절실함'이다. 불안과 절실함은 구분해야 한다. 불안이 내게 달리지 않은 미래의 성과에 연연하며 이에 도달하지 못할까 봐 초조해하는 것이라면, 절실함은 원하는 것을 위해 지금 내가 할 수 있는 일에 전념하는 것이다. 불확실성을 혼돈, 삶이 잘못된 방향으로 흐르고 있다는 증거로 받아들이는 것이 불안이라면, 절실함은 본디 삶이란 언제나 불확실하다는 것을 받아들이고 그 속에서 오늘을, 지금 이 순간을 어떻게 채워갈지에 집중하는 것이다.

비유하자면 불안은 명절에 만난 친척들의 듣기 싫은 잔소리와 비슷하다. '대학은 나와야 하는 것 아니니, 그래도 월급 꼬박꼬박 나오는 직장인이 최고지, 결혼은 하는 게 나을 텐데, 그 나이면 재산은 어느 정도 모았어야지……' 동년배들이 겨우 직장은 잡았다는 이유만으로 사촌 동생이 홀로 감당해야 했던 훈수다. 나 같으면 스트레스에 아예 입을 다물어버리거나 자리를 피했을 텐데 그 녀석은 항상 웃으며 한마디 했다.

"뭐, 사는 게 전부 제 마음대로 되나요."

그리고 그는 친환경 페인트 사업이라는 누구도 예상하지 못한 자신만의 세계를 꾸려나가는 중이다. 나는 그가 어릴 적부터 명절에 모인 그 어떤 어른보다 자기 삶을 깊이 이해하고 있었을 것이라 생각한다. 그는 불안하다는 이유로 남들이 가는

마음의 연고, 감정이 다쳤을 때

길을 가지도 않았고, 남들이 가지 않는 길을 가며 불안해하지도 않았다. 대신 '삶은 불확실하다, 전부 내 마음대로 되진 않는다'는 간단하지만 근본적인 원리를 수용하고 자신이 원하는 방향으로 천천히, 그러나 절실히 나아갔다.

예측 가능한 불행과 행복은 이미 불행과 행복이 아니다. 지레 짐작으로 느끼는 행복이 김칫국 마시기이듯 불행을 미리 당겨 힘들어할 필요는 없다. 삶은 미리 준비한 정교한 설계도를 따라 집을 짓는 일이라기보다 처음이라 알 수 없는 길을 거닐며 들꽃을 발견하는 것이다. 부르지 않았는데도 자꾸만 찾아와 마음을 어지럽히는 불안을 만날 때마다 나는 사촌 동생의 말을 되새기며 조용히 속삭인다. '그래, 나도 알아. 그런데 인생이 어디 내 마음대로만 풀리니. 미안하지만 이제는 미리 걱정하지 않기로 했어.'

○○ '인생 내 마음대로 안 돼' 자세를 유지하는데도 불안이라는 녀석이 퇴근 후 맥주 한잔하는 시간, 시험을 마치고 집으로 돌아가는 길, 모처럼 만난 연인과 눈을 마주한 시간에까지 끈질기게 쫓아와 마음을 물고 늘어진다면 '왜 이렇게 나를 힘들게 하니!'라며 다그치지 말고 조곤조곤 알려주자. '나는 지금 이 순간에 집중하기로 했어. 그러니까 너도 조금만 쉬렴.'

마음은 걱정이라는
거짓말을 한다

불안 아래 교묘히 숨어 있는 세 가지 생각

대학 시절 시험기간마다 내 가방은 참 무거웠다. 막상 공부할 때는 우등생 동기들이 십시일반 만들어준 요약본(지금 돌이켜 생각해도 참 아름다운 문화였다)도 겨우 뒤적이는 정도였지만, 집에서 책을 챙길 때는 강의록을 비롯해 한 해 동안 몇 번 열어보지도 않은 전공 서적까지 바리바리 가방에 넣었기 때문이다.

보통 3~4주, 많을 땐 1~2주 단위로 시험을 치른 본과 시절에는 마음 편히 친구들과 놀러갈 기회도 몇 없었다. 어쩌다 한번 동네 친구들과 펜션에 놀러가 고기라도 구울라치면 대개는 여행 날짜와 시험기간이 겹치곤 했다. 그럴 때도 역시나 내 가방은 무거웠다. '요약본이라도 가져가서 틈틈이 읽으며 놀자.'

마음의 연고, 감정이 다쳤을 때

가방에 든 요약본은 '지금은 시험기간 중이다. 그 지엄한 사실을 잊지 마라. 감히 시험이란 신성한 의무를 두고 고기를 굽고 맥주를 따르며 즐기려 하느냐'란 마음의 소리에 대한 일종의 변명이자 속죄였다.

'아닙니다. 저는 그 의무를 한시도 잊은 적이 없습니다. 비록 친구들의 흥을 깰 수 없어 몸만 그곳에 둘 뿐 제 마음은 시험 걱정으로 가득합니다. 보십시오. 이렇게 공부거리를 준비해 가지 않습니까.' 책을 챙겨가는 행위는 출발할 때의 마음을 가볍게 하는 데 매우 유용했다.

그러나 당연하게도 그 요약본을 읽는 일은 없었다. 오히려 요약본 때문에 여행에 충분히 몰입하지 못하고 돌아와서도 초조함만 느껴야 했다. 열심히 놀면서도 마음은 끊임없이 가방 속 요약본에 달려가 있었다. 돌아오는 길에는 '공부할 것이 산더미인데 어쩌나. 여행지에서 조금이라도 열어봤다면 남은 공부가 훨씬 수월했을 텐데'라는 쓸데없는 후회에 시달려야 했다. 차라리 실컷 놀고 공부를 시작하거나 애초에 놀러가지나 말지. 피로했다.

불안을 만들어내는 마음의 메커니즘

미국의 정신의학자 딘 에이킨스Deane Aikins는 2012년 발표한 논문에서 불안을 만들어내는 왜곡된 생각 세 가지를 제시했다.

첫 번째는 걱정함으로써 그보다 더 큰 부정적인 감정을 회피하는 것이다.

학창 시절에 성적 때문에 고민이 많았다. 그러나 공부를 열심히 한다고 무조건 등수가 오르는 것은 아니었고, 고민한다고 성적이 나아지는 것은 더더욱 아니었다. '도움이 되지 않으니 놓아버리자'라며 훌훌 털기에 걱정은 무겁고 끈질겼다.

그럴 때면 곧잘 먼, 지나치게 먼 미래에 대한 걱정에 빠지곤 했다. 대학은 제대로 갈 수 있을까, 졸업하고 취직은 될까, 돈은 또 언제 모으나, 결혼은 할 수 있을까 등등. 이 역시 불안과 초조를 유발했지만 시험 걱정보다는 훨씬 나았다. 당장 당면한 '시험을 잘 볼 수 있을까'라는 생각이 주는 '큰 불안'에 시달리기보다 현실과 동떨어진 걱정을 하며 '작은 불안'에 시달리기를 택했다.

두 번째는 불안해함으로써 지금 당장 해야 할 현실 속 과제들을 잊는 것이다.

해결해야 할 문제가 주어졌을 때 우리는 이에 즉각 조치를 취해야 할 것만 같은 부담을 느낀다. 예를 들어 시험 성적이 걱정되면 당장 공부를 해야 할 것 같아 초조해진다. 시험 기간을 맞은 대부분의 학생들은 실제로 공부를 하는 학생뿐 아니라 핸드폰이나 티브이를 보고 있는 학생조차 공부를 해야 한다는 생각을 떠올린다.

길게 볼 때 우리에게 도움이 되는 해결책은 물론 '공부하기'일 것이다. 그러나 차분히 공부를 하기엔 당장의 혼란과 두려움이 지나친 나머지 우리 마음은 자질구레한 걱정을 이어나가며 눈앞에 들이닥치는 '실제로 존재하는 위협'과 이에 대한 '현실적인 불안'을 잊으려 한다.

시험 기간 중에 학생이 당면한 위협은 '시험' 그 자체이다. 원하는 성적을 받지 못할 수 있다는 것이 가장 핵심적이고 근본적인 고통인 것이다. 압도적인 걱정 앞에 선 우리 마음은, 여러 다른 걱정들을 만들어내며 과도한 불안으로부터 시선을 분산시킨다. '공부를 하지 않으면 시험을 잘 치지 못할 거야, 시험을 망치면 부모님이 실망할 텐데, 원하는 학교에 못 갈지도 몰라, 그리고, 그리고…….' 커다란 불안에 집중하는 마음을 흐트러뜨리려 자잘한 걱정들을 계속 만들어내는 것이다.

걱정이 원하는 결과를 이루는 데 도움을 줄까

마지막은 걱정 자체가 원하는 결과로 이어지는 데 도움을 줄 것이라는 마술적 사고magical thinking다. 이 대목은 불안을 공부하며 가장 공감했던 내용이다.

학창 시절에 나름 공부를 열심히 했지만 당연히 공부만 했던 건 아니다. 영화를 보고, 밤늦게 몰래 컴퓨터를 켜 친구들과 스타를 즐기고, 폴더폰으로 열심히 붕어빵을 구웠다.

그러나 그때 마음이 마냥 편했던 건 아니다. 그래서 걱정을 했다. 게임을 하며 시험 걱정을 했고, 데이트를 하며 결혼 걱정을 했다. 술을 마시며 미래 걱정을 했고, 일을 하며 이 일을 계속할 수 있을지 걱정했다. 가끔 주어지는 자유시간에 하고 싶은 일을 할 때에도 해야 할 일을 하고 있지 않다는 걱정을 했다. 온전히 마음이 쉬지 못했다.

'걱정이 원하는 것을 이루는 데 도움을 줄 것이라는 마술적 사고'는 그때 내 마음을 설명하는 꽤 그럴싸한 해석이었다. 나는 불안했던 것이다. 뒤처지지 않으려 열심히 해야 할 일을 해도 모자랄 시간에 한눈을 팔고 딴 짓을 하고 있다는 것이. 그래서 '걱정이라도' 해야 할 것 같았다. 걱정은 '해야 할 일'에 '항상' 신경을 쓰고 있다는 증거였다. 그렇게 마음이라도 쓰는 것이 최소한의 도리 같았고 좋은 결과를 가져오는 데 도움이 되리라 생각했다.

그러나 걱정을 안고 있는 내 마음은 항상 어두웠다. 내일 해결할 일을 생각하느라 눈앞에 있는 사랑하는 사람에게 집중하지 못했고, 처리할 논문 걱정에 사로잡힌 마음은 환자의 말에 귀 기울이기를 방해했다. 걱정은 원하는 미래와 내 모습을 만들어주는 데 도움이 되지 않았고 외려 자주 훼방을 놓았다. 시도하지 못한 많은 것들, 나의 미래가 될 수도 있었을 것들이 걱정에 가려져 사라져갔다.

지나친 걱정은 경제적으로도 비효율적이다. 고민한다고 해서 영어 단어가 외워지거나 급한 일이 진행되진 않는다. 대신 손해는 막심하다. 마음에 걱정이 가득하여 정작 중요한 일에는 손도 대지 못하는 경우가 흔하고 이로 인해 감당해야 할 감정적 소모도 만만치 않다. 걱정은 마치 읽지도 않을 시험 자료 뭉치를 여행지마다 굳이 무겁게 챙겨 다니는 것과 같다. 결론은 지당하고 간단하다. 걱정은 내려두고 놀 때는 놀기.

'나도 쓸데없는 걱정 굳이 하지 않고, 쉴 땐 쉬고 열심히 할 땐 열심히 하고 싶지. 그런데 걱정이 저절로 마구 떠오르는 걸 어떡하란 말이야', '불안한 마음이 문젠데 걱정이 생산적인지 그렇지 않은지를 따지는 게 무슨 의미냐'고 반문할 수 있다. 이해한다. 공부를 하려 해도 시험 걱정에 집중이 되지 않아 책 한 줄 읽을 수 없는 마음, 그 마음 그대로 내 마음이었다.

중요한 순간마다 불안이 찾아온다면

그러나 문득 그런 생각이 들었다. '의미도 없이, 이유도 없이 밀려드는 이 걱정들의 정체가 뭔지 나는 얼마나 알고, 이해하고 있을까?'

우리는 실체를 인식할 수 없는 모호한 것들을 두려워한다. 어린 시절 잠을 자다가 문득 부스럭거리는 소리에 깼다. 그날 낮에 본 영화 〈링〉의 사다코가 치맛자락을 끄는 소리인 것만 같아 이불을 머리끝까지 뒤집어쓰고 숨을 죽였다. 수십여 분(아마 실제로는 몇 분도 채 되지 않았을 것이다)간 콩닥거리는 심장을 부여잡고 누워 있다가 결국은 견딜 수 없어 벌떡 일어나 불을 켰다. 책상 위에서 전날 먹다 남은 과자봉지가 커튼에 부딪혀 부스럭거리고 있었다.

막연히 불안을 느끼거나 걱정이 고개를 들 때, 앞서 언급한 세 가지 생각이 숨어 있는 것은 아닌지 확인해보는 것은 확실히 도움이 된다. 이는 굳이 어둠속에서 두려움에 떠는 대신

마음의 연고, 감정이 다쳤을 때

방 안의 불을 켜고 주위를 한번 둘러보는 것과 같다. 마음속 불을 켜면 안개처럼 막연하게 피어나 마음을 어둡게 하던 걱정들의 보이지 않던 근원이 어렴풋이 보일지도 모른다.

물론 마음속 불안의 근원을 짚어본다고 해서 모든 걱정이 갑자기 씻은 듯이 사라지는 건 아니다. 그러나 본디 걱정의 크기가 100이었다면 생각을 다듬은 다음에는 90, 80으로 가라앉는다. 10만큼, 20만큼 크기가 줄었지만 그것만으로도 충분히 숨통이 트인다.

우리는 불안을 만났을 때, 종종 불안을 주는 존재들에게서 도망치고 싶어 하거나 그 앞에서 얼어붙어 아무것도 하지 못한다. 이는 불 꺼진 방 안에서 두려움에 떨며 이불을 뒤집어쓰고 있거나 소리를 지르며 방을 뛰쳐나가는 것과 같다. 그 대신 마음의 불을 켜고 차근차근 앞서 언급한 세 가지 생각들을 되짚는 연습을 해보면 어떨까. 귀신의 치맛자락 소리라고 생각했던 것이 실은 과자봉지 소리였던 것처럼 도무지 어찌할 수 없는 불안의 뿌리가 실은 나의 두려움이 비춘 그림자였음을 확인하게 될 수도 있다.

⌒⌒　　인생을 되돌아보면, 대개 불안은 삶의 중요한 과제와 손을 잡고 찾아왔다. 불안에 압도되어 해야 할 일들을 잘 해내지 못할 때도 많았다. 물론 쉽진 않지만 이제는 불안이 다가올 땐 이에 압도되는 대신 마음의 불을 켜고 그 두려움의 뿌리를 찬찬히 더듬곤 한다. 걱정의 실체가 그리 크지 않음을 깨달았을 때 주어지는 '작은' 평안은 지금 내 삶에 반드시 필요한 한 걸음을 내딛게 하는 힘으로 돌아온다.

　　　　　　　　마음의 연고, 감정이 다쳤을 때

마음이
마음을 지키는 방법

마음속 방어기제와 승화

속담을 보면 수백 년 전에 만들어진 이야기인데도 사는 모습이 완전히 달라진 오늘날까지 들어맞아 신기할 때가 있다. 사촌이 땅을 사면 배가 아프다는 말처럼 지인이 아파트를 사면 축하하면서도 마음 한 구석이 쓰리거나 '실제로' 두통을 느끼고 배가 아프기도 한다. 때리는 시어머니보다 말리는 시누이는 지금도 더 밉다. 똥 묻은 개가 겨 묻은 개 나무란다고 하더니 더 잘못한 사람이 조금 잘못한 사람에게 기세등등하게 화를 내는 일은 여전히 흔하다. 그렇다면 궁금하다. 우리는 왜 질투가 날 때 배가 아플까. 직접 때리는 시어머니보다 말리는 시누이가 왜 더 미울까. 잘못한 사람이 왜 적반하장으로 더 화를 낼까.

살다 보면 해결할 수 없는 마음속 갈등을 겪게 마련이다. 어디론가 숨고만 싶을 정도로 부끄러울 때가 있고 극심한 분노로 누군가를 해치고 싶을 때도 있다. 간절히 원한다고 해서 모든 일에 성공할 수 없고 못 보면 죽을 것만 같은 사람과도 헤어질 때가 있다.

인생은 도저히 받아들이기 힘든 일이 생기면 자동으로 다시 시작하는 게임이 아니다. 실수로 웃음거리가 되어도 출근은 해야 하고 아무리 화가 나 눈앞의 그를 한 대 때리고 싶어도 참아야 한다. 다시는 사랑하지 못할 거란 슬픔을 안고 살아가다 보면 그 아픔을 보듬어줄 누군가를 만나게 된다. 그렇게 도저히 납득되지 않는 일을 견디고 넘을 수 없을 것 같은 고비를 넘으며 꾸준히 나아가는 것이 삶이다.

마음이 마음을 지키는 방법

삶은 한없이 냉정한 데 반해 우리의 마음은 여리기 그지없다. 쉽게 상처입고 좌절한다. 심하게 다친 몸이 움직일 수 없듯 아픔이 지나치면 마음이 멈춘다. 지친 마음으론 어떠한 기쁨이나 슬픔을 느끼지 못하고 아무것도 할 수 없게 되거나 심하면 삶마저 중단하고 싶어진다. 그래서 마음은 우리도 모르는 사이 스스로를 보호한다. 마음이 마음을 지키는 방법이 방어기제^{defense mechanism}다.

예를 들어 연인과 크게 다투었다고 가정하자. 마음속에서 두 가지 생각, 즉 그를 싫어하고 싶은 마음과 그를 싫어하면 안 되는 마음(그를 사랑하는 이유, 그가 좋은 사람인 이유들이 떠오르거나 관계에 미숙한 사람이 되고 싶지 않다는 생각이 드는 등)이 부딪히며 갈등을 일으킨다. 어떻게 하면 마음의 갈등을 해소할까. 여러 방법 중 하나는 그를 탓하는 것이다. 연인의 밉고 부족한 부분을 찾아내거나 외려 그가 나를 미워하고 있다고 생각해버린다. 그렇게 하면 나는 나쁜 사람, 미숙한 사람이 되지 않고도 그를 미워할 수 있게 된다. 잠깐이지만 내적 갈등을 외면할 수 있는 것이다. 받아들이기 힘든 욕망이나 충동을 외부로 돌리는 방어기제인 투사^{projection}의 흔한 예다.

방어기제는 매우 다양하다. 이별에 대처하는 마음에 빗대어 살펴보자. 이별의 슬픔이 너무 큰 나머지 결별 자체를 인정하지 못하고 아직은 헤어진 것이 아니다, 화해하면 돌아올 것이라 생각하거나(부정)^{denial} '어차피 일어날 이별이었을 뿐이다'라며 마치 감정이 없는 듯 사실에서 감정을 분리할 수도(고립)^{isolation} 있다. 나는 괜찮다, 아무렇지도 않다고 생각하는데 갑자기

마음의 연고, 감정이 다쳤을 때

심한 두통을 느끼거나 배가 아프기도 하고(신체화)somatization 사랑의 의미, 결별과 삶에 대한 철학적·지적 사유에 몰두하거나(지식화)intellectualization 길가의 돌멩이를 걷어차고 편한 상대인 가족이나 친한 친구에게 애꿎은 화풀이를 하기도(전치)displacement 한다.

앞서 들었던 속담도 방어기제로 설명할 수 있다. 똥 묻은 개가 겨 묻은 개를 나무라는 마음은 나의 부족함은 보지 않고 상대의 부족함을 찾아 비난하는 마음인 투사다. 비록 때리는 것은 시어머니이지만 시어머니는 두려운 존재이기에 그보다 만만한 시누이에게 미운 마음을 옮기는 것이 전치다. 지인이 아파트를 사면 머리로는 축하를 해야 할 것 같기에 질투는 마음속 깊은 곳으로 숨어들어 신체화를 통해 두통을 유발하고 배를 아프게 한다.

하지만 예시의 방어기제들로는 어쩐지 마음이 편해질 것 같진 않다. 헤어짐의 슬픔은 미뤄둘수록 덧난다. 당장 힘들어 마음의 구석으로 밀어둔다고 해서 아픔이 사라지는 것은 아니기 때문이다. 반복되는 남 탓과 화풀이는 곁에 남은 이들도 지치게 한다. 실제로 방어기제는 그 성숙도에 따라 병리적 방어기제, 미성숙한 방어기제, 신경증적 방어기제, 성숙한 방어기제로 분류하는데 방어기제가 충분히 세련되지 못하면 외려 갈등을 유발하기도 한다.

더 나은 삶을 살게 하는 성숙한 방어기제

그렇다면 성숙한 방어기제란 어떤 것일까. 성숙한 방어
기제에는 타인을 도우며 스스로도 만족을 얻는 이타주의^{altruism},
불편한 느낌을 스스로와 타인을 유쾌하게 하는 즐거움으로 대
체하는 유머^{humor}, 미래에 일어날 일을 예측하고 해결책을 생각
하며 미리 스트레스에 대비하는 예상^{anticipation}, 본능적인 성적·공
격적인 욕구를 보다 사회적인 가치를 위한 방향으로 전환시키
는 승화^{sublimation}가 있다.

이러한 방어기제는 개인적·사회적 차원에서 받아들여
지기 힘든 마음의 역동, 이를테면 성적·공격적 욕구나 슬픔, 두
려움, 분노 같은 부정적인 감정들이 자신과 타인을 위하는 방향
으로 전환되도록 도와준다. 달리 말하면 자칫 나와 남을 다치게
할 수 있었던 마음속 갈등을 나와 남을 위하도록 바꿔주는 방법
이다.

나 혼자 잘 먹고 잘 살기도 힘든 세상, 타인까지 고려하
는 것은 사치가 아닐까? 그러나 이는 '나 하나 건사하기도 힘든
데 굳이 손해를 보며 남까지 돕는 마음'이 아니다. 그보다는 '이

왕 어쩔 수 없는 상황인데 그나마 같이 괜찮아지는 방법은 무엇일까'에 가깝다.

사람은 우호적인 관계 속에서 위로받는다. 미성숙한 방어기제에 비해 성숙한 방어기제는 힘든 일이 생겼을 때 '그럼에도 불구하고' 타인과 나의 결속을 유지시켜주고 관계를 강화하기도 한다. 사람들이 내게 호의를 가지는 것은 결국 '나의 행복'과 직결된다. 개인적 측면에서도 성숙한 방어기제는 당장의 아픔이나 고난을 외면하거나 잊게 하는 차원을 넘어서서 스스로 한 단계 발전할 수 있는 계기가 된다.

하지만 마냥 이상적인 삶만을 추구하기 어려운 것처럼 언제나 성숙한 방어기제만이 발현되는 사람은 드물다. 방어기제는 나 자신의 성숙도를 가늠하는 지표가 아닌 내가 추구해야 할 이정표로 사용하는 편이 좋다. 즉 미래에 대한 두려움을 다른 재밌는 일을 하며 '부정'해버리기 보다는 미리 '예상'하고 대처하거나, 타인과의 갈등을 상대의 잘못이나 미숙함 탓으로 '투사'하기보다는 '유머'로 부드럽게 풀어내려 노력하는 것이다. 처음엔 맞지 않는 옷처럼 어색하고 불편할 수도 있지만 마치 귀찮고 고된 운동이 건강을 가져다주는 것처럼 성숙한 방어기제는 좀 더 나은 삶을 가져다줄 수 있는 도구다.

승화란 무엇인가

다른 방어기제는 직관적으로 그 의미를 알겠는데 승화란 무엇일까? 사회도, 나 자신도 받아들일 수 없는 내적인 갈등과 충동을 세상이 용인하는 방식으로 표현하는 것이 승화다. 잘 와닿지 않으니(내가 이 개념을 처음 접할 때 그랬다) 예를 들어보겠다.

여기, 불을 지르고 싶은 내적인 욕구를 주체하기 힘든 한 사람이 있다. 만약 그가 마음이 시키는 대로 여기저기 불을 지른다면 어떻게 될까. 사회적으로 많은 문제가 야기될 것이고 큰 피해를 보는 이들도 생겨날 것이며 심할 경우 누군가가 목숨을 잃을지도 모른다. 그 자신도 감옥에 가거나 끊임없이 도피해야 하는 신세에 처할 것이다.

대신 그가 건물 철거나 영화 촬영 등을 위한 폭발·발화 전문가가 되었다고 생각해보자(이러한 직종에 종사하는 이들이 모두 이런 식의 내적 욕구를 품고 있다는 의미는 아니다). 그가 자신의 욕구에 충실하면 충실할수록 불필요한 건물들은 더 잘게 부서지고 영화 속 장면은 더욱 실감날 것이다. 그의 욕망이 더욱 세련되게, 그러나 강렬하게 발휘될수록 그에게 주어지는 부와 명예 또한 더욱 클 것이다. 그 자신을 포함하여 많은 이에게 돌이킬 수 없는 상처를 남길지도 모를 내면의 충동이 나 자신과 우리 모두를 위하는 방향으로 피어나는 것, 바로 승화다. 청소년들의 강렬한 성적 욕구가 춤과 운동으로 표현되거나 예술가의 혼란과 슬픔이 예술작품으로 그려지는 것도 승화의 예다.

학회 참석차 뉴욕에 갔었다. 타임스퀘어, 센트럴파크 같은 텔레비전에서만 보던 풍경이 눈앞에 펼쳐지는 것이 참 신기했지만 가장 감명 깊었던 곳은 따로 있었다. 그곳은 쌍둥이 빌딩이 있던 9.11 테러 현장이었다.

건물이 무너진 자리가 그대로 남아 있었다. 중앙에는 회색 분수를 만들었는데 물은 솟아오르지 않고 눈물처럼 하염없이 아래로만 흘렀다. 둘러싼 벽에는 희생자의 이름이 새겨져 있었다. 그게 전부였다. 그 흔한 동상도, 구구절절한 사연을 적은 비석도 없었다. 어떤 이름 근처에 붉은 손수건으로 감싼 흰 백합이 한 송이 놓여 있을 뿐이었다. 이른 오후쯤 그 앞에 선 나는 해가 넘어가는 것을 본 후에도 홀린 듯 그곳에 머물렀다.

수천 킬로 밖에서 온 이방인인 나는 그곳에서 탓하지 않는 분노, 잊지 않겠다는 의지, 죽음과 무관한 사랑과 그래서 더욱 사무치는 그리움을 고스란히 느꼈다. 정치적 역학, 제국주의와 그에 대한 반격, 미국과 아랍 간 갈등의 역사 따위는 한 가족의 예기치 않은 이별 앞에서 보잘것없는 것처럼 느껴졌다. 그

공간은 그곳에 사는 이들에게는 일상의 일부였다. 그들은 그 곁을 산책하고 오늘의 행복을 충분히 느끼되, 결코 그날을 잊지 않았고 사랑하는 이를 잃는 슬픔에는 단호히 반대하고 있었다. 먼저 떠난 이는 이따금 놓이는 백합으로 추억되고 남은 자는 그를 기억하며 오늘을 살아간다.

그때 느꼈다. 아, 이것이 승화구나. 사무치는 아픔과 분노를 어느 누구도 다치지 않는 방식으로 표현하는 것. 내가 겪은 아픔을 다른 사람은 겪지 않았으면 좋겠다는 바람이 표현된 것. 혹시 같은 고통을 겪은 이가 있다면 내 아픔과 분노가 승화된 이것이 그를 위로하기를 바라는 것.

문득 예전에 겪은 이별과 그때 듣던 노래가 기억났다. 그때는 노래가 들린다기보다 마음에 밀려오는 느낌이었다. 지금은 더 이상 그때처럼 감명 깊진 않은 그 노래가 그때 그렇게 사무쳤던 것은 누군가의 이별이 승화된 그 곡이 내 슬픔을 대신 노래해주었기 때문일 것이다.

승화된 작품 안에서 우리는 우리의 삶을 본다. 평소엔 그냥 흘려들었을 이별 노래에 유독 눈물이 흐른다면 그 안에서 내 이별이 보이기 때문이다. 9.11 테러 현장에서 먹먹해졌던 건 그 자리에 승화하여 응축된 그리움이 내 마음에도 닿았기 때문

마음의 연고, 감정이 다쳤을 때

이다.

당신에게 하늘의 축복이 있어 훌륭한 그림을 그릴 수 있고 잔잔한 음악을 연주하거나 한 권의 이야기를 지을 수 있다면, 그 안에 당신의 갈등이나 상처를 마음껏 풀어내기를 바라본다. 혹시 나처럼 평범해 그런 재능이 없다면, 누군가가 승화로 엮은 아름다움에 위로받아도 좋겠다.

○○ 번민이 없는 곳이 있을까. 그런 곳에서 살아보지 않아 상상하기가 어렵다. 하지만 왠지 그곳의 그림과 음악이 주는 감동은 얕을 것 같다. 내 삶에는 앞으로도 갈등과 아픔이 찾아올 것이다. 그래도 조금만 둘러보면 그 아픔을 먼저 겪은 이가 남겨둔 승화의 결실이 글로, 그림으로, 음악으로, 또 다른 무엇으로 남아 있을 테니 괜찮다. 한 곡의 이별 노래로, 삶의 고단함을 그린 그림 한 폭으로 위로 받으며 삶을 살아내다 보면 모를 일이다. 내게도 지나간 아픔을 아름답게 남길 승화의 순간이 찾아올지.

2

마음의 반창고,
그냥 좀 괜찮아지고 싶을 때

아 몰라, 짜증나,
그냥 폰이나 볼래

삶의 가능성을 삼키는 수동 공격성과 미루기의 늪

중요한 일을 나중으로 미루는 습관에 관해 많은 환자분, 지인과 이야기를 나누며 언젠가는 꼭 그때 오고간 이야기를 글로 정리하고 싶다는 생각을 했었다. 아주 오래전부터. 이 글 자체가 수많은 미루기와 미루기 끝에 나온 결과물이다. 실은 여태껏 썼던 모든 글이 그렇다. 글뿐 아니라 어쩌면 살아가며 이룬 작은 성취들 모두가 미루기와의 끊임없는 줄다리기에서 비롯됐음을 고백한다.

수동 공격적 성격passive aggressive personality은 미국정신의학회American Psychiatric Association 《정신질환 진단 및 통계 편람DSM》의 최신 버전인 《DSM-5》에 정식 성격장애personality disorder로 등재되진

않았으나 기타 명시된 성격장애^{other specified personality disorder}의 일부로 소개됐다. 수동 공격성^{passive aggression}은 말 그대로 상대방에게 욕설, 폭언, 폭력 등 능동적인 공격을 가하는 것이 아니라 수동적인 자세로 상대를 화나게 하는 것이다.

미루기^{procrastination}, 응당 그러리라 기대되는 수준의 책임에 대한 저항, 지연된 일에 대해 변명하기, 누군가에게 의지하면서도 그의 결점 찾기 등이 수동 공격성의 패턴이다. 혹시 뜨끔한 항목이 있는가? 나는 그랬고 함께 수업을 듣던 동기들도 그랬다. 특히 '미루기'를 들었을 때는 눈을 동그랗게 뜨고 '이거 내 이야긴데?' 하는 눈짓을 보냈다.

하기 싫은 공부를 미뤄두고 게임을 한 판 하는 것이 화내는 것과 무슨 상관일까. 지금 당장 써야 할 논문이 있을수록 몰래몰래 하는 메신저 대화와 시답잖은 뉴스 확인이 재밌는데 이것이 왜 분노의 표출일까. 그게 사실이라면 왜, 누구에게, 어떻게 화를 내는 것일까.

미루기, 교묘한 저항

어릴 적 한자 학습지를 했다. 당시의 나는 뿔이 났다. 놀고 싶고 하고 싶은 것이 천지인데 억지로 문제를 풀어야 하니 너무 싫었다. 하지만 대놓고 학습지를 풀지 않겠다고 선언했다간 호되게 야단을 맞거나 아이스크림 사먹을 용돈이 끊길 가능성이 있었다. 더 근본적으로 엄마 아빠를 실망을 시킬지 모른다는 것, 부모님에게서 부정적인 감정이 전해질지 모른다는 것 자체가 불편했다.

그래서 학습지를 숨기고 잃어버렸다고 하거나 학교에서 풀려고 가져갔다가 두고 왔다고 했다. 선생님이나 부모님 입장에서는 뻔히 보이는 거짓말에 열이 받지만 그렇다고 무조건 의심할 수도 없는 노릇이었을 것이다. 훈육을 하자니 아이의 진심을 믿어주지 않는 것 같고 그렇다고 눈에 보이는 거짓말을 그냥 넘어갈 수도 없었으리라. 나의 소심한 복수는 선생님과 부모님을 곤란하게 만들면서 나름 성공했다.

삶에 화가 나는 이유는 다양하다. 부모의 불화 속에서 끊임없이 우울과 불안에 시달려야 했을 수도 있고, 표면적인 따뜻함 아래 숨어 있는 부모의 지나친 기대에 짓눌렸을 수도 있다. 어린 나이에 부당하게 괴롭힘과 따돌림을 당해 사람에 대한 믿음을 잃어버렸을 수도 있고, 아무리 노력해도 원하는 결과를 얻지 못해 좌절했을 수도 있다. 너무 많아 일일이 적기 힘들 정도의 수많은 이유로 우리는 때로 인생을 미워한다.

마음의 반창고, 그냥 좀 괜찮아지고 싶을 때

그 미움의 정체는 단순히 '왜 내 마음을 몰라주지' 하는 속상함보다 깊다. 어째서 세상은 있는 그대로의 나를 무조건적으로 사랑해주지 않는 걸까, 애초에 원해서 태어난 것도 아닌데 왜 이토록 열심히 버텨야 하는 걸까, 왜 삶은 이토록 힘든 걸까. 수많은 성인을 출가의 길로 이끌었던 근본적인 삶에 대한 의문이다.

세상에 화가 나더라도 우리는 함부로 삶에게 대들 수 없다. 냉정한 세상에서 성질대로 살면 치러야 할 대가가 만만치 않기에 압박 면접을 버티고 상사의 모욕을 견디며 진상 손님의 악을 받아낸다. 대신 우리는 소심하게 성질 낼 방법을 찾는다. 상사가 어렴풋이 말을 거는 듯했지만 못 들은 척한다. 짜증나는 손님의 주문을 까먹고(일부러 그러는 것이 아니라 무의식 수준에서 '진짜' 까먹는다) 늦잠을 자 면접 시간을 놓친다. 미루기를 비롯한 수동 공격 행동은 작은 일탈이다. 삶을 지나치게 망치지 않는 선에서 우리는 교묘하게 삶에 저항하는 시늉을 한다.

학습지를 푸는 것이 부모보다는 아이 자신의 미래에 도움이 되는 것처럼 미루고 싶은 일들의 대부분은 실은 나 자신에게 중요한 일인 경우가 많다. 그러니 (물론 맞는 말이긴 하지만) '미루고 싶을수록 더 열심히 하자!'는 이야기를 하려는 것은 아니다. 그보다는 수동 공격성을 가지고 살아가는 마음이 어떨지를 논해보고 싶다.

미루기에 숨은 진짜 부작용

학습지를 찢거나 숨긴 아이의 마음은 마냥 편하지만은 않다. 행여 들키진 않을까 하루 종일 불안하다. 나쁜 짓을 한다는 배덕감이 즐겁기도 하지만 불편한 죄책감을 함께 느낀다. 평계를 생각해내는 것 역시 꽤나 까다로운 일이다. 이러저러한 이유로 아이는 잠깐의 짜증을 참으며 학습지를 푸는 것보다 훨씬 많은 마음의 에너지를 소모한다.

어른이 된 뒤 버거운 삶의 무게 앞에서 우리는 어린 시절 화가 날 때의 마음으로 돌아간다. 힘든 일을 거부하고 싶지만 조금 화가 났다고 해서 직장을 때려치우거나 집을 나갈 수는 없다. 그래서 해야 할 일들과 줄다리기를 한다. 배우자의 잔소리가 심할수록 화장실 청소를 미루거나 상사가 짜증나게 할수록 시킨 일을 까먹는다. 화가 난 배우자가 속이 끓는 것을 느끼며 그 앞에서 휴대폰 게임을 하고 열불이 난 상사 앞에서 진심으로 어리둥절한 표정을 짓는다. 그렇다고 현실이 편해지진 않고 오히려 더 꼬인다. 합당한 변명을 떠올리는 일, 부정적인 감정을 고스란히 전해 받는 일은 역시나 소모적이다.

그뿐 아니다. 미루기는 원하는 내 모습과 역할에서 스스로를 멀어지게 한다. 학습지를 미룬 아이에 대한 선생님의 신뢰도는 떨어질 수밖에 없다. 아무리 평소에 아이가 성실하고 정직해 보였다 하더라도 이러한 일이 반복된다면 아이에 대한 선생님의 믿음은 점점 옅어질 것이다.

'책임'은 한 사람의 정체성을 규정하는 중요한 요소다. 가족 내에서, 모임에서, 직장에서 그가 어떤 역할을 맡고 있고, 어떤 역할을 해줄 것이라 기대되며, 실제로 그 역할을 수행하는지가 그를 규정한다. 미루기는 그 책임의 수행을 유예시킨다. 이로 인해 파생되는 문제는 개인에 국한되지 않는다. 친척이 아프다며 임박한 조별 과제에서 급작스레 이탈하는 조원을 생각해 보자. 수행되지 않은 책임은 이와 연관된 이들에게 직접적으로 피해를 입히며 감정도 불편하게 한다.

대놓고 드러나는 갈등은 차라리 감정의 충돌을 유도하기에 해소의 여지라도 있다. 수동 공격 행동에 대한 불쾌함은 표현하기엔 애매하다. (표면적으로라도) 피치 못할 이유 때문에 발생하는 책임회피나 지연을 비난하기엔 명분이 부족하고 화를 내는 사람의 평판에도 좋지 않다. 이렇게 해소되지 않는 부정적인 감정은 마음속에 차곡차곡 쌓인다. '쟤는 그냥 싫다, 마음에 들지 않는다, 함께 일하고 싶지 않다'는 마음의 씨앗이 된다. 그렇게, 인생의 기회와 소중한 내 역할을 조금씩 잃게 된다.

미루기를 멈추는 세 가지 방법

작은 일탈 이상의 즐거움을 주지도 않고 스스로도 지치며 삶의 기회를 앗아가는 미루기. 어떻게 하면 멈출 수 있을까. '이렇게만 하면 즉각 멈출 수 있는' 방법은 (내 경험상) 아쉽게도 없다. 다만 내가 활용하는 요령을 몇 가지 공유하고자 한다.

첫 번째는 지금 바로 시작할 가장 작은 목표를 세우는 것이다. 아직도 기억나는 내 최초의 운동 목표는 '엎드리기'였다. 아무리 미룰 이유를 대려고 해도 '엎드리지 않으려니' 마땅한 핑계가 없어 일단 엎드렸다. 엎드려서 팔을 굽히지 않기는 또 민망하니 팔굽혀펴기를 했다. 엎드리기는 그 뒤로 시작한 모든 운동의 씨앗이라 해도 과장이 아니다. 어떠한 변명도 통하지 않을 작은 목표를 세우는 것은 미루기를 막는 데 도움이 된다.

두 번째는 하고 싶다는 생각이 '처음으로 들 때의 마음'을 잘 간직하는 것이다. 스스로 만들어낸 '하지 못할 이유'들을 잘 믿지 않는다는 것과도 비슷하다. 처음 하고 싶은 무언가가

마음의 반창고, 그냥 좀 괜찮아지고 싶을 때

떠오를 때의 생각이 가장 '덜 오염된' 마음 상태다. 곰곰이 생각할수록 부담감, 포기해야 할 것들, 그 일과 연관된 미운 사람들 생각에 그 일을 하지 않아도 되는 그럴듯한 이유들이 만들어지기 시작한다. 변명에 오염되기 전, 내가 그것을 하고 싶었던 이유, 그것이 내 삶에 어떤 의미인지 떠올렸던 마음을 꾸준히 간직하는 것이 미루기를 피하는 데 중요한 방패가 된다.

마지막 방법은 이때까지 어떻게 미뤄왔든, 그 일이 어떤 상태이든, 남들이 나를 어떻게 보든, 내 몸과 마음 상태가 어떻든 상관없이, 일단 '엎드리는' 것이다. 지금 내가 할 수 있는 가장 작은 일을 바로 하는 것이다. 지금, 당장.

서두의 고백을 이어가자면 비단 이 글뿐 아니라 글쓰기 자체를 미뤄온 것은 일주일 혹은 한 달의 일이 아니다. 글을 쓰고 싶다는 마음은 학창시절부터 간직해왔지만 '내가 무슨 대단한 사람이라고 글을 쓰지, 부족한 솜씨를 내보이는 것은 부끄러운 일이야, 작가가 될 것도 아닌데 시간 들여 글 쓰는 게 먹고사는 데 무슨 도움이 될까' 같은 생각들을 변명으로 10여년 이상 미뤄왔다.

그런 나를 노트북 앞에 앉힌 것은 더 나이 들기 전에 빨리 써야 한다는 절박함도, 나만 쓸 수 있는 멋진 콘텐츠가 있다는 거창한 자신감도 아니었다. 단지 그간 쓰기를 가로막던 이유들이 어쩐지 껍데기같이 느껴졌다. 그 마음 하나가 자판을 두드리게 했다. 공부하고 일하며 배운 마음을 이해하는 새로운 눈, 세상을 읽는 새로운 언어를 글을 통해 나누고 싶다는 마음. 껍데기를 걷어내자 진짜 소망이 보였다.

그래서 쓰기 시작했다. 이 짧은 글 하나를 쓰면서도 며칠간 여러 번 커피를 내리고 수십 번 자리에서 일어나고 수백 번 휴대전화를 열어보곤 했다. 어쨌든 이렇게 하나의 글을 마무리 짓는다.

○○　그렇게 쓰기 시작한 몇몇 글들이 하나하나 완성되며 미미하지만 내게는 더없이 소중한 변화로 이어졌다. 내게 글쓰기가 그랬듯이 글을 읽는 당신이 미뤄온 것은 무엇인가. 이 글에 힘입어 더 이상 미루지 않고 일단 '엎드리기'를 권한다.

　마음의 반창고, 그냥 좀 괜찮아지고 싶을 때

모두 다 타버리고
재만 남은 마음

번아웃 증후군

정신과 레지던트로 처음 근무할 때의 설렘이 기억난다. 피 말리는 수험생 시절과 지루하고 버거운 6년의 의대 생활 끝에 겨우 의사 면허를 따서 인턴이 되고 또다시 1년을 꼬박 밤을 새며 허드렛일로(병원에는 심전도 촬영, 관장, 동맥혈 채혈, 동의서 받기 등등 의사 면허가 반드시 필요하지만 바쁜 교수와 레지던트 들이 직접 하기에는 사소한 일들이 넘쳐난다) 보낸 끝에 겨우 얻은 자격이었다. '힘든 이들의 마음을 깊이 이해하고 그들의 아픔에 공감하며 함께 치유의 길로 나아간다'는 흔한 판타지가 내 마음속에도 가득했다. 정신건강의학과 전문의로 명명된 가운을 입은 모습이 좋아 거울을 보며 몰래 웃었던 기억도 난다.

마음의 반창고, 그냥 좀 괜찮아지고 싶을 때

내가 수련했던 병원에서 1년차 전공의는 주로 조현병과 조울증 환자의 주치의를 담당했다. 환자-의사 관계와 상담이 중요하지 않은 질환군은 하나도 없지만 해당 질환은 '약물의 조절과 관리'가 가장 중요했다. 환자들의 예후는 상담보다는 약물치료가 그들에게 잘 맞는지, 그렇지 않은지로 결정됐다. 나를 찾는 환자들의 인생을 깊이 이해하는 것 자체가 조금씩 무의미하게 느껴졌다. 점차 그들 삶의 고충을 듣기보다는 그들의 이야기를 증상에 맞춰보고 있었다. 상담을 하며 머릿속으로는 지금 눈앞의 환자에게 가장 적합한 진단이 무엇일지, 그 병의 진단 기준과 환자와의 면담 내용이 일치하는지 확인하는 데 급급했다.

하루에도 몇 번씩 응급실과 외래를 내원하는 급성기의 불안정한 환자들을(해당 질환군의 환자들이 모두 그러한 양상을 띤다는 것은 결코 아니다) 진정시키느라 진땀을 뺐다. 담당 환자가 폭력적일 땐 병동 간호사, 기사님들과 함께 이를 온몸으로 받아냈다. 응급실, 외래, 입원병실, 기타 등등. 몸은 하나인데 서너 군데에서 동시에 전화가 걸려오는 것이 예사였고 빠른 조치를 취해주지 않는다는 불평도 감내해야 했다. 정신과 의사라기보다 기숙사 사감 같다는 자조적인 농담이 오갔다.

주 4일 당직을 섰고 공휴일에는 추가로 당직을 섰다.

나머지 날에도 저녁과 자정 사이에야 퇴근할 수 있었다. 연인과 헤어졌고 체중이 7킬로그램가량 불어 옷을 새로 구입했다. '무엇을 위해'라는 생각을 하기에도 너무 바빴다. 가끔 쉴 땐 자야 했다. 그래야 일어나면 다시 일상을 버틸 수 있었다. 이상하게 마음이 차분해져 갔다. 익숙해졌다기보다는 삶이 말을 걸어와도 대꾸할 힘이 없는 느낌이었다. '지금 네가 원하던 삶을 살고 있어?', '이대로 흘러가도 괜찮은 거야?'란 질문에 '그래, 나도 그렇게 느끼고 있었어. 이대로는 안 될 것 같아'란 생각이 떠올라도 그 이야기를 이어갈 기운이 전혀 남아있지 않았다. 아니, 그렇게 대답해버리고 나면 그나마 버티고 있는 이 일상의 바닥마저 완전히 무너져 내리진 않을지 두려워 그 질문들을 애써 외면하고 싶었던 것인지도 모른다.

　　의국 사정으로 이른 겨울에 휴가를 썼다. 지친 느낌과는 다른, 지극히 가을스러운 스산함이 마음에 감돌았다. 왠지 오래도록 소중함을 간직하는 곳이 그리웠다. 촌스럽지만 홀로 경복궁에 갔다. 여러 번 불타고도 끊임없이 되살아나 그 자리에 있는 망한 나라의 궁. 많은 어려움에도 묵묵히 자신을 지키고 있는 모습이 그리웠다. 그러나 그날 내 눈에 비친 단청의 빛깔은 비교적 최근에 새로 칠해서인지 오래된 느낌이 덜했다. 잊힐

　　　　마음의 반창고, 그냥 좀 괜찮아지고 싶을 때

권리를 잃은 채 억지로 꽃단장을 하고 버티고 서 있는 것처럼 보였다. 왠지 그 모습이 처음 품었던 이상을 모두 잃은 채 맡겨진 업무에 쫓기는 내 모습처럼 느껴졌다. 흔한 반전 하나 없이 정신의학도의 길에 대한 환상은 무너지는 중이었다.

열정적인 사람에게 더 흔한 번아웃 증후군

소진 증후군, 탈진 증후군으로도 일컫는 번아웃 증후군burn-out syndrome은 미국의 정신분석가 허버트 프로이덴버거Herbert Freuden-berger가 처음 제시한 개념이다. 그는 자신을 포함하여 중독 치료자들에게서 관찰되는 일련의 증상들을 기술하기 위해 해당 용어를 도입했다. 도박, 마약, 음주 등에 빠진 만성적인 중독환자를 치료하는 일은 매우 버거우면서도 단기간 내에 가시적인 성과를 얻기 어렵다. 신념을 가지고 열성을 다하던 치료자가 각고의 노력에도 불구하고 이렇다 할 변화가 없는 환자들을 보며 점차 무기력해진다. 그럴수록 더욱 자신을 채찍질하지만 큰 성과는 없는 상태가 지속되다 어느 순간 무너져 내리듯 소진된 자신을 발견한다. 이와 함께 예민하고 우울한 기분, 감정 조절의 어려움, 통증과 같은 불특정 다수의 신체 증상들이 동반되기도 한다.

번아웃은 고도로 세분화·전문화된 직무 능력을 요구하는 현대사회에 흔하다. 이는 일련의 단계를 거쳐 녹이 슬 듯 조금씩 마음을 좀먹는다. 처음에는 꿈과 야망을 가지고 열정적으로 업무에 몰두한다. 하지만 드는 노력에 비해 기대한 만큼의 보상(승진, 직장 내 인정, 시험 합격 등)은 주어지지 않는다. 노력에 박차를 가할수록 기대와 현실의 괴리는 점점 커지고 마음의 여력은 고갈되어 간다. 해내야 할 일은 여전히 산더미 같은데 어느 순간 와르르 무너져 내린 것처럼 아무것도 할 수 없는 자신을 발견한다. 사소한 일에도 예민해지고 현재 상황에서 벗어나 다른 곳으로 가기만을 꿈꾼다. 마치 나 자신이 모두 타버리고 재만 남은 것 같은 마음 상태, 그래서 번아웃^{burn-out}이다.

여러 질환의 환자들과 면담하다 보면 기저에 번아웃 증후군 증상으로 고생하는 경우를 흔하게 본다. 아이들이 좋아 교사의 길을 택했지만 격무에 시달리며 출근이 두려워진 선생님, 의욕적인 신입사원이었지만 원하는 만큼 성과와 보상이 따라오지 않아 회사생활의 의미를 잃어버린 회사원, 집에서도, 직장에서도 매일 같은 일만 반복하는 삶을 왜 살아가는지 모르겠다는 자영업자. 그 외에도 수없이 많은 이가 스스로는 인식하지 못했던 번아웃을 등에 업고 상담실 문을 두드렸다. 병원 내뿐 아니라 친구들과의 술자리, 인터넷 커뮤니티의 글들, SNS의 심경토로에서도 번아웃의 징후가 엿보이는 경우가 많았다.

소진 증후군은 역설적으로 열정인 사람에게 잘 찾아온다. 업무와 성과에 지나치게 많은 가치를 부여하고 이를 위해 한정된 시간과 노력을 모두 투자했으나 원하는 결과가 주어지지 않아 좌절한다. 번아웃의 치료적·대안적 개념으로 제시된 것이 일과 삶의 균형work-life balance이다.

처음 품었던 큰 꿈에 비해 마음처럼 일이 풀리지 않을 때 우리는 더욱더 일에 매진해 원했던 바를 기어코 성취하려고 한다. 성취 끝에 주어지는 기쁨, 안도만을 행복의 전부라 생각하고 어떻게든 일에서 성공하기 위해 하루 종일 몰입한다. 그럼에도 불구하고 원하는 성과는 얻지 못하는 데다 이를 위해 삶의 에너지를 소진해 휴식, 취미, 가족과 같은 인생의 다른 부분까지 모두 놓치고 마는 것이 번아웃이다. 그렇기에 삶에는 일 이외에도 행복을 주는 요소가 얼마든지 있다는 것, 인생에 일이 전부가 아니라는 것을 다시 한 번 떠올리고 여행을 떠나고 맛있는 음식을 먹고 영화를 보고 좋아하는 사람을 만나며 일과 삶의 균형을 되찾을 때 지친 몸과 마음이 쉬게 된다. 즉 번아웃이 치유된다.

손을 뻗으면 닿는 기쁨들이 하는 일

그런데 지금 이 글을 읽는 당신의 마음이 어쩐지 짐작이 간다. '속 편한 소리 하네. 그걸 몰라서 힘들까, 그렇게 하지 못하니 힘든 거지!' 처음 번아웃과 그 치료 개념을 접하는 내 마음이 그랬다. 오매불망 기다리던 영화가 개봉해도 오프 날만 되면 잠이 쏟아져 감히 보러갈 엄두를 내지 못했다. 아무리 소중한 약속이라도 급작스레 잡힌 회식 앞에서는 접을 수밖에 없었다. 환자 보는 일과를 겨우 마치고 밤 10시쯤부터 차트 기록, 자료 정리, 환자 케이스나 논문 등 각종 발표 준비를 시작할 때는 한숨이 저절로 나왔다. '워크work와 라이프life의 밸런스가 중요하다.' 말은 참 쉬운데 몰라서 안하는 것이 아니라 알아도 못하는 것이란 생각이 자꾸 들었다. 하루 일과를 따라가기가 버거워서 삶의 다른 영역을 돌아볼 만한 여유가 없었다. 그저 어서 이 고단한 과정이 종료되기만을 간절히 원했다.

그러던 중 특별할 것 없는 오프 날이 찾아왔다. 평소 같았으면 서둘러 침대로 들어가거나 무리해서 술 약속을 잡았겠지만 그날따라 바다가 보고 싶었다. 병원에서 차로 10분 거리에 바다가 있었던 건 지금 생각해도 참 다행한 축복이었다. 천천히 커피를 마시며 해진 바다를 보았다. 어둠에 묻혀 보이지 않는 바다를 바라보고 파도에 달빛이 부서지는 소리를 들었다. 주차장 옆 트럭에서 주문한 커피를 손에 쥐고 차 안에 앉아 히터를 틀었다. 아직 잠이 들지 않은 것인지 꿈결인지 헷갈리는 노곤한 정신을 부여잡고 하염없이 바다를 바라보았다. 잠이 들었고, 더우면 히터를 끄고 추우면 히터를 틀었다. 그리고 일어났다. 왠지 마음이 괜찮아져 있었다.

그날 생각했다. 최소한 손을 뻗으면 닿는 행복을 놓치진 말자. 내일의 무언가를 위해 오늘을 버텨내더라도 그 속에서 순간순간 생기는 소소한 기쁨들을 잘 붙잡자. 그날부터 식사를 거르지 않으려 노력했다. 응급상황이 아니라면 바빠도 식사를 챙기고 꼭꼭 씹으며 그 맛을 느끼려 애썼다. 의국에서 담소가 오고갈 땐 일 생각을 제쳐 두고 크게 웃었다. 귀가 시간을 한 시간 늦추고 단골 라멘 집을 찾았다. 그러고도 지칠 땐 그 바다를 찾았다. 흔한 드라마 같은 에피소드도, 반전도 없는 그저 그런 시간이 쌓여갔다. 그리고 언제 그렇게 되었는지도 모르게 사랑에 빠진 것처럼 다시금 내 일을 사랑하고 있었다.

물론 수련을 받는 동안 생의 마지막 날까지 기억할 환자분도 만났고, 그런 분들의 정말 감사한 말씀에 힘을 얻기도 했다. 하지만 고통스러운 일상을 지극히 의사다운 그런 보람으로만 버텼다는 기만도, 허세도 부리고 싶지 않다.

의사로 일하다 보면 자랑할 미담 하나쯤은 생기게 마련이다. 때때로 만족스럽게 발표를 끝내고 큰 기쁨을 느끼기도 했다. 그러나 이러한 업무에서의 찬사는 근본적으로 내가 아닌 타인으로부터 주어지는 것이며 언제, 어떤 모습으로 내게 다가올지 알 수 없는 부분이다. 이를 기대하고 그것만을 행복으로 삼기보다는 조금 더 자세히 일상을 들여다보기로 했다.

목표가 나를 삼키지 않도록

점심 때 삼계탕이 나오면 그날 하루가 든든했고 단톡으로 짬이 나는 동기들을 소환해 잠깐 병원 앞 카페에서 수다를 떨다 보면 웬만한 스트레스가 풀리곤 했다. 의국에서 밤샐 때 선배가 들여온 게임기로 몰래 한 축구게임이 아직도 기억이 난다. 입원환자도 많이들 집으로 돌아가는 크리스마스나 설 같은 연휴에는 친한 형의 의국에 여유가 되는 당직 레지던트들끼리 삼삼오오 모여 배달음식을 앞에 두고 신세를 한탄하고 또 위로했다. 한탄과 위로에 웃음이 가득했다. 기약도 없고 모호한 일의 성과보다는, 작은 일상이 선사하는 순간의 기쁨이 나를 살게 했다.

마음의 반창고, 그냥 좀 괜찮아지고 싶을 때

그리고 때로 혼자 있을 때, 문득 생각이 많아질 때, 버겁다고 느껴질 때, 그만둬야겠다는 생각이 들 때는, 이 끝에 무엇이 있을지는 모르겠지만 이 길이 내게 옳은지, 딱 한 번 걸어갈 수 있는 삶의 길로 선택해도 후회가 없을지 끊임없이 자문했다. 그러자 꼭 처음의 판타지처럼은 아니지만 그와 닮은 정신의 학도의 길이 천천히, 하루에 촛불 하나만큼 밝혀졌다. 그 불빛을 따라 도달한 지금의 내 모습은 일찍이 상상했던 모습과 꼭 같지만은 않다. 그리고 그 빛이 인도하는 길 역시 미리 상상할 수 없었다. 그 길은 막연히 떠올렸던 환상들보다도 더욱 구체적이고 따뜻했으며 그 위를 걸으며 이 삶을 살아볼 수 있어 다행이라는 생각이 들었다.

오늘의 고단함, 불안함, 슬픔이 삶을 모두 되돌려야 할 증거는 아니다. 삶의 연산 속도는 우리의 조급함보다 훨씬 느리고 영화의 한 장면 같은 순간에는 긴 로딩이 필요하기 때문이다.

나 자신은 그 어떤 목표보다 소중하다. 이 당연한 명제가 눈앞의 지점만을 좇다 보니 모호해질 때가 있었다. 지나고 보니 기다림이란 대개 바라는 만큼보다는 조금 더 길어진다는 것을 알게 되었다. 그래서 어서 닿아야 하는데 닿지 못함에 조바심을 내기보다 애초에 닿아야 할 곳은 한참 멀리 있다고 인정하기로 했다. 하루에 한 걸음씩, 한 걸음에 어울리는 보폭으로 나아가고 때론 멈추기도 하면서. 마라톤 선수들이 전력질주를 하지 않는 것은 더 빨리 달릴 줄 모르기 때문이 아니다. 더욱이 우리는 결승선을 통과하기 위해가 아닌 달리는 순간, 살아가는 그 자체의 기쁨을 느끼기 위해 사는 중이다.

삶이 어떤 목표를 위한 수단이 아닌 그 자체로 선물임을 되새겨주는 고마운 것들이 있다. 이를 인생이라는 앨범에 차곡차곡 하나씩 모으고 이따금씩 열어 보는 것. 그것들이 삶의 무게에 질려 살아갈 의미조차 모호해지는 소진의 슬픔이 찾아올 때 우리를 보듬고 나아가게 한다.

그래서 오늘도 1분만 시간을 낼 수 있다면 가장 가까운 창가에서 구름과 하늘을 확인한다. 잿빛 미세먼지가 가득하든, 하염없는 구름이 가득하든, 벅차게 푸르든 상관없다. 지금 살아가는 것은 다름 아닌 나 자신이라는, 삶에 쫓기지 않고 삶과 함께 흐르고 있다는 자각을 할 수 있다면 그것으로 충분하다. 30분의 휴식이 가능하다면 차 한 잔과 그 시간만큼의 사색을, 하루를 마치는 저녁에 한 시간 남짓 여유가 있다면 단골집의 늘 반가운 그 맛을 즐길 것이다. 그리고 산책, 바다, 영화, 그 사람,

마음의 반창고, 그냥 좀 괜찮아지고 싶을 때

하늘을 바라보는 것과 결이 비슷한, 소소하고 뭉클한 행복을 주울 것이다.

∩∩　　꼭 덧붙이고 싶은 말이 있다. 아파도 되는 사람은 없다. 모든 과정을 정당화할 수 있는 결과도 없다. 도저히 감내할 수 없는 고난이 당신을 짓누르거나 존엄이 부정당하는 중이라면 그때는 과감히 다른 길을 모색해야 한다. 이는 소진 증후군의 신호가 아니라 당신이 소진 당하고 있다는 경보일지도 모른다.

완벽하지 못할까 봐
시작조차 못하는 마음

결정의 어려움 아래 숨어 있는 세 가지 생각

점심 메뉴 선정은 언제나 힘들다. 제육을 먹자니 돈가스가 끌리고 돈가스 집을 가려니 짬뽕이 눈에 아른거린다. 아직 남은 회식 자리의 술기운을 지우자는 합리적인 이유 하나를 겨우 찾아 중국집으로 향한다.

메뉴판은 또 다른 시련이다. 오로지 짬뽕만을 떠올리며 자신 있게 자리에 앉았는데 옆자리에서 면치기를 시전하며 간짜장을 흡입 중이다. 불현듯 양파의 식감과 라드에 구운, 흰자가 조금 바삭한 계란프라이의 고소함이 당긴다. 해장에 무슨 짜장이야, 자신 있게 짬뽕을 시키려 했던 마음은 온데간데없다.

결국 간짜장을 시켰다. 그런데 이게 웬걸. 음식이 나오

마음의 반창고, 그냥 좀 괜찮아지고 싶을 때

자마자 동료가 시킨 짬뽕에 다시금 시선이 간다. 지금 먹고 있는 간짜장의 맛은 잘 알지도 못하겠다. 짜장이 맛있어서 기쁘거나 맛없어서 실망하는 것이 아니라 그 맛은 제대로 느끼지 못한 채 '짬뽕을 먹을 걸, 저 짬뽕은 얼마나 맛있을까'에만 신경을 빼앗긴다. 청개구리도 이런 청개구리가 없다.

이처럼 우리는 무엇을 먹을까를 결정하는 데에도 수십 번 고민을 반복한다. 얼핏 무엇을 먹을 것이냐 하는 하찮은 문제처럼 보인다. 허나 이는 들여다보면 한정된 돈으로 한정된 시간을 어떻게 가장 아름답게 채울 것인지를 고민하는 실은 꽤나 심오한 문제다.

다른 선택도 마찬가지다. 우리의 시간은 한정되어 있고 심지어 언제 이 삶이 마무리될지 예측할 수 없다. 내가 원하는 것들 중 세상이 내게 허락하는 것은 언제나 극히 일부다. 누구도 자신이 원하는 것을 모두 가질 수 없다.

그래서 우리는 한정된 자원으로 한정된 시간을 어떻게 채울지 선택해야 한다. 점심 결정뿐 아니라 어느 대학에 갈 것인지, 한 번뿐인 젊음을 어떤 커리어로 채울 것인지, 결혼은 할 것인지, 누구와 할 것인지, 자녀를 낳을 것인지, 얼마나 낳을 것인지 등을 결정해야 한다. 시간은 무한하지 않고 가진 것은 늘 부족하며 흘러간 과거는 되돌릴 수 없다. 그렇기에 선택은 늘 어렵다.

선택을 주저하게 만드는 세 가지 생각

우리의 결정을 어렵게 만드는 마음을 구체적으로 고찰해보면 다음 세 가지로 정리할 수 있다.

첫 번째 생각은 '정답을 택해야 한다는 강박'이다.

학교교육은 답을 찾는 과정의 연속이다. 문제에 알맞은 해답을 찾고 가장 많이 답을 찾은 이가 가장 많은 기회와 보상을 얻는 구조다. 그렇게 배우며 자란 우리는 삶의 선택지를 고를 때도 같은 방식으로 접근한다. 결정의 순간마다 우리는 여러 선택지 중 가장 적합한 답이 있다는 전제를 암묵적으로 떠올린다. 하지만 삶에서의 선택은 시험과 다르다. 명확한 답이 있는 선택, 즉 장점만 있는 것을 고르는 일은 엄밀히 말해 선택이 아니다.

무엇을 고른다는 것은 각기 장단점이 존재하고 그 합이 비슷한 여러 갈림길 중 하나를 택하는 것이다. 이 학과를 택하자니 저 학과의 취업률이 눈에 보이고 일이 편한 이 직장을 지원하려니 저쪽의 연봉이 아쉬운 것이 삶의 선택이다. 찬찬히 살

마음의 반창고, 그냥 좀 괜찮아지고 싶을 때

펴보고 고심한다고 해서 정답과 오답을 나눌 수는 없다. 그러나 우리는 이러한 모호한 선택지 앞에서 좀 더 알아보고 고민하면 명확한 답을 얻을 수 있을 것이란 생각에, 완벽한 선택을 할 수 있을 것이라는 생각에 결정을 주저하고 미루게 된다.

두 번째는 '기회비용에 대한 이상화'다.

이는 짜장면을 시켰으나 옆자리의 짬뽕이 너무나도 완벽해보이는 마음이다. 그 마음을 참지 못해 기어이 짬뽕을 한 입 얻어먹으면 알게 된다. 그 맛 역시 그리 대단한 것은 아님을.

애초에 짜장면과 짬뽕을 두고 고민한 이유는 둘 다 고만고만하게 맛있기 때문이다. 삶도 마찬가지다. 앞서 언급한 바와 같이 삶의 길에는 각기 장단점이 있다. 가지 않은 삶의 길은 아쉽게도 짬뽕을 얻어먹는 것처럼 한번 걸어보기는 어렵다. 다만 우리는 매스컴으로, 책으로, 대화로 간접적으로 경험하며 익히 알게 된다. 겉보기에 화려하고 멋져 보이는 사람의 내면에도 남모를 고뇌가 있고 얼핏 힘들고 고단해보이는 이에게도 그만의 행복이 있음을.

SNS, 유튜브와 같은 여러 매체를 통해 화려함은 포장되어 드러나고 아픔은 가려지는 요즘이다. 내가 걷는 길의 고난은 드러나지 않는 다른 이의 슬픔보다 유달리 고단해보이고, 내가 가지 않은 길의 환희는 나의 소소한 행복보다 유난히 대단해 보인다.

사람의 마음에는 이득보다도 손해를 견디지 못하는 마음이 있다. '그때 선택을 달리 했다면 지금 이렇게 힘들진 않을 텐데, 나도 그렇게 살아갈 수 있었을 텐데……' 하는 마음이다. 가지지 못하는 화려함과 누구나 겪는 삶의 고난이, 잘못된 선택으로 인한 손해인 것처럼 느껴질수록 다음 선택에 고민이 많아지고 섣불리 결정하지 못한다.

마지막은 '최선을 다해도 이루지 못할까 봐 두려운 마음'이다.

과감한 선택에는 책임이 따른다. 그 길이 생각했던 길이든 그렇지 않은 길이든, 꾸준히 그 길 위에서 원하는 결과를 얻기 위해 최선을 다해야 한다.

그런데 우리 마음속에 묘한 생각이 자라난다. 최선을 다하지 않으면 혹은 시작을 하지 않으면 '아직' 기회가 남아 있는 듯한 느낌이다. 막상 선택을 하고 최선을 다했으나 원하는 결과가 주어지지 않을 때의 상실감이 두려운 것이다. 선택을 하지 않으면, 시작을 하지 않으면 적어도 해낼 '가능성'은 남아 있는 것이다. 전력을 다해도 도달하지 못할 때의 허탈함이 지레

마음의 반창고, 그냥 좀 괜찮아지고 싶을 때

겁이 날 때, 선택하지 않았기에 역으로 무엇이든 선택할 수 있어 안심이 될 때, 우리는 선택을 주저한다.

완벽하진 않지만 충분히 만족스러운

우리는 대개 무언가를 선택하는 일이 삶 전체를 규정한다고 생각하지만 개개의 선택은 그 자체로는 그리 큰 의미가 없을지 모른다. 우리가 결정을 내릴 때 고민하는 이유는, 좋은 면과 나쁜 면을 합치면 애초에 비슷한 것들 중에 무언가를 골라야 하기 때문이다. 수익성이 큰 투자 상품은 위험성이 높고, 안정적인 자산은 수익성이 낮다. 정해진 길을 따르는 것은 두려움이 덜하지만 기회가 적고, 아무도 가지 않는 길을 택하는 것은 모험이지만 예상치 못한 기회를 얻을 가능성이 높다. 즉 선택의 기로에 섰다는 것은 선택지에 올라온 대상마다 각각의 장단점이 있고 그 합이 균형을 이루었다는 말과 같다. 그렇기에 삶에서 중요한 것은 선택 자체가 아니라 그 선택에 따르는 실천이다. 방향을 정했다고 해서 결말에 도달할 수 없다. '어떻게 꾸준히 나아갈 것인가'는 '어떤 방향으로 나아갈 것인가'보다 더 중요한 문제일지도 모른다.

얼핏 부러워 보이는 짬뽕에 대한 생각을 내려놓으니 비

로소 내 앞의 간짜장의 맛을, 라드에 잘 볶인 고소한 춘장의 맛을 만끽할 수 있었다. 물론 메뉴 선정이 항상 완벽할 수는 없다. 그래서, 그렇기에, 오랜만에 찾아온 완벽하진 않지만 충분히 만족스러운 이 한 그릇이 고마웠다.

삶도 마찬가지가 아닐까. 수십만 원짜리 호텔 탕수육을 먹는 사진이 SNS에 올라온들 무슨 상관이랴. 행복은 내가 고른 간짜장이 옆 사람의 짬뽕이나 사진 속 화려한 음식들보다 완벽할 때 오는 것이 아니라 다른 사람의 메뉴와는 상관없이 오늘의 짜장 속에서 유달리 실한 돼지고기를 발견할 때 온다. 모든 선택의 순간마다 가장 이상적인 답을 고를 때가 아니라 매번의 선택에 책임을 지고 주어진 길에 몰입할 때, 행복은 내게 온다.

∩∩　끝없이 뭘 먹을지 고민만 하다 보면 그렇지 않아도 짧은 점심시간은 속절없이 흘러 버리고 종국에는 부랴부랴 대충 선택을 하거나 아예 굶어야 할지도 모른다. 물론 단호하게 메뉴 선택을 한다고 해서 일 년 내내 백발백중 마음에 들 수는 없다. 그래도 거를 수 없는 점심처럼 삶을 꾸준히 먹어내다 보면 종종 마음에 드는 한 끼의 기쁨 같은 소소한 행복을 마주하게 될 것이다. 그리고 운이 좋다면 혹은 지치지 않고 차근차근 나아가다 보면 언젠가는 인생 맛집 같은 나만의 삶을 찾아낼지도 모른다.

　　마음의 반창고, 그냥 좀 괜찮아지고 싶을 때

나를 해치는 선택을
반복하는 이유

반복강박의 굴레를 벗어나는 법

'인간의 욕심은 끝이 없고 같은 실수를 반복한다.' 이 별의 아픔을 겪었던 이는 결코 같은 실수를 반복하지 않겠다 다짐하고 새로운 연인에게 마치 다시 태어난 사람이 된 듯 최선을 다하지만, 결국 이전에 만났던 상대와 싸울 때처럼 다투고 비슷한 모습으로 헤어진다. 불나방에 홀린 듯 같이 있으면 나쁜 일만 있는 친구와 자꾸 어울린다. 따지지 않으면 피해를 볼 법할 때는 순한 양처럼 참고 성질을 죽이지 않으면 손해가 될 때 불같이 화를 낸다.

살다 보면 누가 봐도, 스스로 봐도 어떤 것을 행하거나 행하지 않는 것이 내게 이로운데도 그렇게 하지 못하는 경우가

마음의 반창고, 그냥 좀 괜찮아지고 싶을 때

많다. 더욱 기묘하고 곤란한 것은 그런 상황이 동일한 양상으로 반복되는 경우가 많다는 것이다. 운명, 팔자, 성격 등 여러 단어로도 표현되는, 머리로는 알지만 마음이 따라주지 않아 끊임없이 사서 고통받는 경향의 정체는 무엇일까.

프로이트는 이러한 경향성을 반복강박repetition compulsion이라 칭했다. 이는 일반적으로 스스로에게 가학적인 행위가 주어질 때 쾌감을 느끼는 피학masochism과는 다르다.

피학적 성향을 가진 사람은 고통을 받을 때 스스로 고통을 통제할 수 있다는 느낌과 내적으로 분비되는 아편계 호르몬들로 인해 쾌락을 느낀다. 그에 반해 반복강박은 주체가 이로 인해 쾌감이 아닌 고통이 올 것이라 분명히 인식한다. 그럼에도 불구하고 고통을 유발할 것이라 예상되는 행동을 반복하는 것이다.

왜 매번 이런 사람에게 빠져드는 걸까

도대체 왜 그러는 걸까 싶은 이 아이러니한 행동 양식에 대해 여러 해석이 존재한다. 죽음 본능을 비롯한 다양한 개념이 등장하지만 직관적이고 현실적인 관점으로 종합해보면 대략 다음과 같다.

인간은 스스로의 가치체계를 명확히 정립하기 전부터 삶의 경험에 무방비로 노출된다. 어머니가 아버지의 폭력에 시달리던 환경에서 자란 아이를 생각해보자. 갓난쟁이는 그 상황이 힘들고 고통스럽다고 해서 집을 뛰쳐나가 부모에게서 독립할 수 없다. 기나긴 시간을 부모와 함께 살며 아이는 반복적으로 험악한 말과 격렬한 신체적 위협을 목격한다. 아이의 마음속에는 폭력적인 아버지가 어머니를 구타하는 '패턴'이 내적으로 각인된다.

세월이 흘러 아이는 어른이 되고 사랑을 한다. 남편의 구타에 시달리던 어머니를 떠올리며 자신은 절대 아빠 같은 사람과 결혼하지 않을 것이라 다짐한다. 하지만 어찌된 일인지 그가 만나왔던 이들이 공통적으로 폭력적임을 깨닫는다(비슷한 경험을 한 사람들이 모두 그렇게 된다는 것이 아니라 이러한 패턴의 일들이 종종 일어난다는 의미다). 패턴의 함정, 익숙함의 함정이다.

다정한 남성과 함께하는 것이 행복한 가정을 꾸릴 가능성이 높다는 것쯤은 그도 머리로 이해한다. 하지만 문제는 그의 내면에서 익숙하게 인식하는 남녀 관계가 서로 안정적이고 편안한 감정을 주고받는 것이 아니라는 데 있다. 이러한 차이는 혼란을 야기하고 자신을 진심으로 아껴주는 남성에게 빠져드는

데 거부감을 불러일으킨다. 낯선 행복의 가능성을 그는 믿지 못한다. 내면에 내재된 익숙한 패턴과 상반되기 때문이다. '이 사람이 내게 왜 이러는 걸까, 이렇게 나를 대하는 것은 혹시 다른 이유나 바라는 게 있어서는 아닐까.' 공연한 의심이 발생하고 관계로의 몰입은 어렵다.

　　이에 반해 거친 남성은 두렵지만 편안하다. 부모의 삶을 보며 그의 무의식 속에 폭력적인 성향의 남성과 함께 사는 모습이 익숙한 패턴으로 자리 잡은 것이다. 처음부터 끝까지 모든 부분이 별로인 사람은 드물다. 그는 폭력적인 부분과 상관없는 상대의 다른 매력에 빠져든다. 그것은 폭력이 나쁘다는 것을 몰라서도 아니고 아버지와 비슷한 사람을 구태여 찾아 나섰기 때문도 아니다. 그는 생각한다. '그렇게 나를 아껴주는 사람을 만나자고 다짐했는데, 왜 매번 이런 사람에게 나는 빠져드는 것일까.'

　　가치체계, 좋고 나쁨과 상관없이 마음에 자리 잡는 패턴만큼 무서운 것도 없다. 무의식 속에 숨어 내가 원하는 삶을 사는 것을 훼방 놓는 고약한 경향성이 반복강박이다. '머리로는 아는데 마음으로는 잘 안 된다'는 표현도 이 패턴의 고약함을 그대로 드러낸다. 우리의 이성은 꽤 믿을 만한 동반자다. 살면서

벌어지는 문제는 대부분 이성적인 판단이 그릇된 데에서 기인하기보다 상당히 합리적인 결론을 내리고서도 이를 따르지 못한 결과 생긴다.

반복강박의 마수는 폭력, 자기파괴와 같은 강렬한 심리 외상적 경험에 국한되지 않는다. 필요한 일을 미루는 버릇, 시간이 흐른 뒤의 더 큰 보상보다는 당장의 작은 쾌락을 추구하는 태도, 익숙함에 속아 연인의 소중함을 잊는 어리석음처럼 일상 전반에 걸쳐 행복과 나 사이를 갈라놓는다.

지금은 달라졌음을 알아차리는 것

어떻게 하면 반복강박의 악순환을 끊을 수 있을까. 일반적으로 제시되는 해결책은 정신분석, 인지치료 등의 상담을 통해 깨닫게 하는 것이다. 즉, 자신에게 반복강박이 생긴 이유와 근원을 거슬러 오르거나 생각의 구조를 돌아봄으로써 자기 마음을 이해하게 돕는 것이다. 이는 스스로를 깊이 통찰함으로서 더 이상 패턴에 휘둘리지 않도록 하는 방법으로 실제로 많은 사람이 도움을 받고 있다. 하지만 이 방법으로 효과를 보려면 시간과 비용이 드는데다 당장 정신과를 찾을 정도는 아닌 선에서 교묘하게 나를 괴롭히는 패턴도 많다.

반복되는 슬픔의 굴레를 벗기 위한, 한 가지 추천하고 싶은 방법이 있다. 바로 '지금은 달라졌음을 알아차리는 것'이다.

반복강박은 어느 날 하늘에서 뚝 떨어지는 것도, 하루 아침에 공고히 만들어지는 것도 아니다. 그것은 '이럴 때는 이런 적이 많다, 이럴 때는 이렇게 하는 것을 자주 목격했다'는 식으로 삶의 경험이라는 빅데이터를 (주관적인) 시간의 흐름에 따라 해석하는 과정에서 만들어진다. 반복강박은 일종의 알고리즘이다. 문제는 우리가 주관을 세우고 나름의 옳고 그름을 분별할 수 있게 되기 훨씬 이전부터 이러한 경향이 형성된다는 점이다. 운이 좋으면 성실하기, 더 큰 보상을 위해 기다리기, 화를 잘 참기처럼 삶에 도움이 되는 형태로 나타나기도 하지만, 앞서 언급한 예들처럼 나를 파괴하고 행복을 저해함에도 되풀이하는 반복강박의 형태로 나타나기도 한다.

이러한 경향들의 근원은 과거에 있다. 그 과거의 나와 지금의 나는 다르다는 사실, 주체적으로 나에게 도움이 되는 결정을 할 수 있는 내가 되었다는 사실을 진심으로 믿는다면 삶에 새로운 국면이 찾아온다.

그 시작은 그동안의 선택 중 후회가 남는 일을 돌아보는 것이다. 혹시 그 선택들에서 반복되는 맥락이 읽힌다면, 그리고 싫지 않음에도 '그래야만 한다'는 생각에 선택한 일이 있었다면 지금의 내 마음과 감정을 세세히 돌아보자. 그리고 나도 미처 인식하지 못하고 있던 마음의 경향성으로 인해 '나도 모르게' 내 행복에 도움이 되지 않을 선택을 반복하고 있었던 건 아닌지 돌아보자.

그 다음이 가장 어렵고, 가장 중요하다. 그것은 바로 그럼에도 불구하고 지금부터는 선택의 기로에서 다른 선택을 할 능력과 권리가 내게 있다는 사실을 상기하는 것이다. 억지로 노력할 필요는 없다. 단지 '그럴 수밖에 없었던 것, 그래야만 했었던 것'이라 믿었던 선택들의 많은 부분이 반드시 해야만 하는 일이 아니었음을 알아차리면 된다. 그리고 과거의 나와는 상관없이 오늘의 나는 내일의 나를 위한 선택을 할 수 있다고 믿으면 된다.

명확한 이유가 떠오르지 않더라도

우리는 하루에도 몇 번씩 선택의 기로에 선다. 그리고 그간의 삶을 참고하여 결정을 한다. 문제는 그간의 삶이 행복하든 그렇지 않았든, 이전의 경험이 우리에게 행복을 주었든 그렇지 못했든, 우리는 과거의 삶에 따라 특히 어린 시절의 기억과

마음의 반창고, 그냥 좀 괜찮아지고 싶을 때

그때 형성된 가치관을 따라 다음을 결정하곤 한다는 데 있다. 나 자신을 조금 더 깊이 이해하고, 지금까지의 삶을 참고하기보다 내일 내 삶을 행복하게 해줄 선택지가 무엇인지를 고민한다면 삶의 양상을 달리 이어갈 방법이 생긴다.

예컨대 매 맞는 어머니를 보며 눈물을 흘렸던 딸이 그 당시에 아버지를 변화시킬 방법은 없었지만, 자라서는 폭력적인 남성을 피하고 어떤 형태의 폭력도 단호히 거부할 수 있다. 쉽게 거절하지 못하고 이용당하는 마음의 근원에 부모를 만족시키기 위해 맹목적으로 노력했던 어린 시절이 있음을 알면, 이제는 더 이상 그러지 않아도 된다는 깨달음이 생긴다.

꼭 명확한 이유를 떠올리기 힘들어도 괜찮다. 더 이상 이렇게 살고 싶지 않은데 자꾸만 그렇게 된다는 그 이질감을 느끼는 것만으로도 충분하다. 자세한 이유는 모르지만 그런 마음들이 생긴 어떤 이유가, 지금 당신이 떠올리지 못하는 과거에 있을 것이다. 그때의 당신과 이 글을 읽고 있는 당신은 다른 사람이다. 그것을 알아차리는 것이 중요하다. 자꾸만 나를 괴롭히는 미운 마음, 반복강박이 생긴 이유가 과거에 있을 것이나 그 이유를 알든 모르든 그것은 중요치 않다. 중요한 것은 오직 하나, 지금의 당신은 그때보다 성숙했고 무력했던 과거와는 달리 얼마든지 스스로를 위하는 길을 선택할 수 있다는 사실을, '지금은 달라졌음을 알아차리는 것'이다.

처음부터 거대한 마음의 청사진을 모두 알아차릴 수는 없고 꼭 그럴 필요도 없다. 감정과 생각을 세심히 들여다보는 것이 시작이다. 나는 언제 기뻐하는지, 언제 우울해하고, 이를 우울하게 생각하는 이유는 무엇인지. 무엇을 좋아하고 무엇을 멀리하는지. 마음의 여유가 될 때는 생각을 조금만 더 옛날로 보내볼 수도 있다. 내가 이것을 좋아한 것은 언제부터였는지, 그 이유는 무엇이었는지, 이와 연관된 떠오르는 기억이 있는지. 싫어하는 것도 마찬가지로 차근차근 떠올려볼 수 있다. 기뻐하는 것, 슬퍼하는 것, 분노하는 것, 질시하는 것, 미워하는 것 등 수많은 감정과 생각에 대해서도 같은 방법으로 천천히 살펴보자. 모호하던 마음의 회로가 조금씩, 아주 조금씩 정리될 것이고 보이지 않던 선택의 과정도 더 선명하게 보일 것이다. 그 과정에 내가 원치 않던 패턴이 보인다면 이제는 다른 선택을 하는 게 좋겠다는 생각이 떠오를 수 있다. 그 작은, 아무것도 아닌 것 같은 사소한 변화가 내일의 모든 것을 바꿀지도 모른다.

마음의 반창고, 그냥 좀 괜찮아지고 싶을 때

익숙한 길은 당장 걷기에 편안하다. 새로운 길은 잘 모르기에 두렵다. 하지만 많이 걸어봤던 경험, 익숙함이 행복을 위한 길과 반드시 일치하는 것은 아니다. 슬픔의 늪으로 하염없이 침잠할 것을 알면서도 익숙하다는 이유로 그 길을 선택하기 보단 이제는 과감히 나를 위한 새로운 길을 걸어보면 어떨까. 반복강박의 굴레를 벗어나 한 번뿐인 내 삶을 위한 선택을 내리고 그 선택을 따를 용기를 내보기 바란다. 가본 적도 없고 구름에 가리고 안개가 자욱하여 한치 앞도 잘 보이지 않는 길이지만 멀찌감치 보이는 빛을 좇아 향하다 보면 혹시 아는가. '이래서 삶은 살아볼 만하다고 했구나' 비로소 느끼게 될지도.

3

마음의 해열제,
가슴에서 자꾸 열이 날 때

첫눈에
반했습니다

금세 빠지는 사랑을 대하는 자세

첫 만남부터 느낌이 이상했다. 외모나 조건 같은 객관적인 기준만 보면 대단할 게 없는데 너무 매력적이다. 그가 좋아하는 것이 나도 좋다. 점점 이야기에 빠져든다. 몇 시간을 이야기했는지 모른다. 오늘 처음 봤는데 오랜 친구 같기도 하고 예전에 만난 사람 같기도 하다. 카페의 공기가 달라지고 주위 풍경이 한층 선명해진다. 마음속에선 이미 연애가 시작되었다.

짧은 만남 속에서 특별한 느낌을 받은 적이 있는가. 분명 이야기를 나눈 적도, 마주친 적도 전혀 없는데 마치 예전부터 알고 지낸 사이인 것 같은 느낌. 심지어 첫눈에 반했다거나 비로소 운명을 만났다는 생각까지 들기도 하는데, 왜 그런 걸까?

마음의 해열제, 가슴에서 자꾸 열이 날 때

우리가 살면서 경험하고 생각한 것들을 매순간 모두 떠올리기에 두뇌의 처리 용량은 한없이 부족하다. 이에 인간의 뇌는 그때그때 중요한 것만을 불완전하게 머릿속에 떠올려 처리하고, 나머지는 기억의 뒤편으로 밀어두는데 이것이 바로 (집중과 노력으로 의식화가 가능한) 전의식과 (집중과 노력으로도 파악하기 힘든) 무의식이다. 전의식과 무의식은 의식보다 더욱 광범위하고 깊다.

보통 우리는 스스로의 마음을 모두 파악하고 통제하는 것처럼 행동하지만 이는 불가능에 가까운 일이다. 알아차리기 힘든 숨겨진 마음들은 끊임없이 우리의 감정, 생각과 행동에 영향을 미친다. 이러한 마음의 보이지 않는 부분을 형성하는 것은 우리의 삶 그 자체이다. 기억 속에서 의식화에 실패해 망각된 여러 사건들과 그때의 느낌들은 마음 저 아래에 침잠해 있을 뿐 휘발하여 사라지는 것은 아니다.

누군가에게 허겁지겁 빠져들고 있다면

이전에 중요했던 사람(부모, 선생님, 형제, 연인 등)과의 관계 양상이 진료실의 환자-의사 관계에서 재현되는 것을 '전이transference'라 한다. 단호한 주치의와 면담하며 엄했던 아버지가 떠오르는 것이 그 예다. 일상에서도 마찬가지다. 새로 만남을 시작한 연인과 처음으로 다투다 불현듯 헤어진 옛 애인이 비슷하게 화내던 때가 떠오르거나, 직장 상사에게 털리던 중 갑자기 어린 시절 별 것 아닌 일로 혼내던 선생님이 생각났다면 이는 일상 속 전이의 예다. 절대 잊지 않는 것만큼 힘든 것이 누군가를 완전히 잊는 것이다. 가슴에 큰 감동 혹은 상처를 남긴 이라면 더욱 그렇다.

누군가를 처음 만났을 때, 우리는 만난 순간부터 비로소 그와 관계가 시작되었다고 곧잘 생각한다. 하지만 이미 기억하기도 힘든 어린 시절부터 그 관계는 만들어지고 있었다. 천천히, 차곡차곡 쌓인 이전 관계에서의 경험이 지금의 관계에 영향을 미치기 때문이다. 누구와도 백지 상태로 관계를 시작할 수는 없다. 그리고 이는 때로 성급함을 부르기도 한다. 상대방을 충분히 알기 전에 마음이 가는 대로, (다른 사람과) 경험했던 대로, 나름의 주관에 의지해 그를 판단해 버리는 성급함.

만난 지 오래되지 않아 운명 같은 사랑의 불꽃을 발하는 경우가 있는가 하면, 그리 끌리지 않던 남녀가 서로를 천천히 알아가며 젖어가듯 연인으로 발전하는 경우도 있다. 일반적으로 전자는 순수하고 낭만적인 것으로, 후자는 지루하고 식상한 것으로 치부되곤 한다. 나도 그랬다. 그러나 직업상 타인의 마음을 치유하기 위해 여러 각도로, 또 깊이 마음을 들여다보고 이해하려다 보니 생각이 바뀌었다. 전자는 아름다우나 조금 위태해 보이고, 후자는 잔잔하지만 평온해 보인다.

누구나 바라는 이상적인 짝의 모습이 있다. 한 사람의 존재는 매우 복잡하고 다면적이다. 오래 두고 본 사람에게 비로소 끌린다는 것은 여러 측면에서 바라본 그의 장점뿐 아니라 단점까지도 감내할 만큼 그와 함께 하고 싶다는 것을 의미한다. 반면 서로가 서로를 잘 알지 못하는 상태에서 차오르는 강렬한 연정은 어쩌면 상대의 일부 사랑스러운 모습을 토대로 쌓아올린 내 나름의 피그말리온일지도 모른다. 그런 것이라면 관계가 깊어질수록 나는 하나하나씩 맞닥뜨려야 할 것이다. 나의 이상향과는 다른, 실제 그의 진짜 모습을.

실제로 열정적으로 서로를 탐닉하다 금세 시들어버리는 관계를 주위에서 자주 볼 수 있다. 이를 전이의 관점에서 생각해보면 어떨까. 사람은 타인을 볼 때 있는 그대로의 그를 보는 것이 아니라 자기 나름대로 마음속에 그린 그 사람의 상을 본다. 내가 보는 그의 모습은 그의 본질적인 실체라기보다는 겉으로 드러나는 몇몇 모습을 바탕으로 그려낸 내 나름의 이미지이다. 누군가에게 허겁지겁 빠져든다는 것은 새로 만난 이의 매력적인 몇몇 파편들을 바탕으로 그의 나머지 모습을 내가 바라는 대로 채워 그리기 때문이 아닐까.

마음의 속도 늦추기

그렇다면 우리는 어떻게 대처할 것인가. 물밀듯 밀려오는 사랑의 감정을 시간이 쌓일 때까지 우선 인내하고 억눌러야만 할까? 그러한 감정을 불러일으키는 것 자체로 이미 그 사람은 당신의 삶에서 몇 번 만나지 못할 소중한 인연이다. 다만 속단하지 않도록 내 기준으로 그를 판단하거나 구속하지 않도록 노력하는 것이 중요하다.

누군가에게 나 스스로도 놀랄 만큼 마음을 빼앗기고 있다면, 아직은 잘 모르는 그가 그토록 기다리던 운명적인 사랑처럼 느껴진다면, 조금만 마음의 속도를 늦추기를 권한다. 누군가에게 호감을 느낄 때마다 무작정 그를 경계하라는 것은 아니다. 다만 스스로의 마음을 찬찬히 돌아보라는 것이다. 내가 마음속에서 상상하고 그리는 그의 모습은 온전히 그의 실제 모습으로부터 기인한 것일까, 혹시 내 환상이 그를 미화시키고 아직 전부는 알지 못하는 그의 실체를 바람으로 채운 것은 아닐까 하고 말이다.

또한 아끼고 사랑하는 누군가에게 실망했다면, 어쩌면 그의 문제가 아닌 내 환상에 기인했을 수도 있음을 직시해야 한다. 그는 관계가 깊어지며 유달리 이상해진 것이 아니다. 그는 내가 마음속에 그리고 있던 세상에 다시없을 환상적인 누군가가 아니었을 뿐이다.

환상이 무너지고 서로가 그렇게 특별할 것이 없는 한 인간에 불과하다는 것을 알게 되면 남은 것은 큰 실망과 이별뿐일까? 만난 지 3년쯤 지나서도 서로를 운명이라고 생각하며 별을 따주려 하는 경우는 잘 보지 못하긴 했다. 하지만 매일 티격태격하며 함께 맛있는 것을 먹고 그날 하루 있었던 일을 편하게 얘기하고, 나아가서는 같은 집으로 돌아가고 아이를 낳아 기르곤 하는 많은 이들을 보면 꼭 그렇지만은 않은 것 같다. 사랑이 반드시 우리 마음속 전이 감정을 전적으로 충족시키는 환상적인 형태일 필요는 없다. 드라마처럼 화려하진 않아도, 운명같이 시작한 사랑이 꼭 운명 같지 만은 않다는 것을 언젠가는 깨닫는다 해도, 서로에게 충분히 위로가 되기에 우리는 소소한 사랑을 하고 서로 의지하며 함께 살아간다.

엄밀히 말해 우리에게 아쉬운 것은 '그와의 이별'이 아니다. '그와 꿈꾸던 미래'의 상실이 아쉬운 것이다. 그러나 우리가 사랑을 나누는 동안 변한 것이 아니라 미처 알지 못했던 서로의 모습을 비로소 발견한 것이라면, 함께 꿈꾸던 미래 역시 '상실한' 것이 아니라 실은 '그 자체가 환상'이었던 것이다. 이별은 그가 내게 과분해서 혹은 내가 그에게 모자란 사람이어서가 아니라 우리 서로가 서로의 기대에 미치지 못했기에 찾아온 결과이다. 그러니 스스로의 부족함을 너무 탓할 필요는 없다.

◌◌   모든 관계는 다음의 관계와 연관되기에 이별을 하게 되었다면 아름다운 끝을 맺는 것 또한 중요하다. 깨진 유리조각 같은 이별의 파편이 언젠가 찾아올 다른 사랑을 찌르지 않도록. 후에 사랑하는 이가 유리를 밟아 다치는 것보단 지금 내 손이 조금 베더라도 미리 갈무리하는 것이 덜 마음 아프지 않을까.

쉽게 마음을 주고,
쉽게 상처받는다면

불안정한 애착이 관계에 미치는 영향

대학 시절 유럽으로 배낭여행을 간 적이 있다. 가난하고 어린 마음에 하루 경비를 지나치게 낮춰 잡았다. 하루 두 끼 밥값도 채 되지 않는 돈으로 배도 타고 미술관도 구경하다 보니 당연히 돈이 모자랐다. 여행을 시작한 지 3주 즈음부터 경비가 떨어져 밥 먹을 돈이 없었다. 2유로짜리 가방만 한 식빵을 사서 배고플 때마다 조금씩 뜯어 누텔라를 발라 먹으며 로마 시내를 돌아다녔다.

그렇게 버티는 게 가능했던 이유는 다행히도 당시 묵던 한인 민박에서 자율배식 저녁을 제공해서였다. 빵 몇 조각으로 견디며 하루 종일 걷다 숙소로 돌아오면 상상을 초월하는 배고

품이 밀려왔다. 안 그래도 여행 후반기라 한식이 그리운데 그렇게 배고픈 상태에서 먹는 갓 지은 압력솥 밥과 김치찌개는 정말 눈물이 날 정도로 맛있었다(말 그대로 약간 눈물이 고였던 것 같다). 누군가가 가장 맛있게 먹은 음식이 뭐였냐고 물으면 항상 떠오르는 기억 중 하나다.

배가 고프면 음식을 찾고 사소한 맛에도 감동하듯 관계도 마찬가지다. 쉽게 외로움을 느끼고 자주 사람이 그립다면, 쉽게 누군가에게 빠져든다면, 실은 마음이 사랑에 고픈 것일지도 모른다.

안정 애착과 불안정 애착

애착 이론attachment theory은 존 볼비John Bowlby에 의해 창시되고 메리 에인즈워스Mary Ainsworth 등에 의해 발달되었다. 애착attachment이란 주 양육자와 아이 사이의 감정적 관계를 의미하며 애착 이론은 주 양육자(어린 시절 주로 아이를 양육하며 아이와 친밀한 관계를 맺는 사람을 의미한다. 볼비는 이를 엄마로 특정하였으나 갈수록 다양해지고 복잡해지는 가족 형태에 따라 주 양육자 역시 다양해지는 추세다)와 아이의 애착이 향후 아이의 인간관계를 형성하는 데 필수적이며 인격 발달과도 밀접한 관련이 있다는 이론이다.

애착 발달은 4단계로 진행되며 애착 이론은 아이가 태어난 뒤 24개월 동안의 기간이 매우 중요하다고 보았다. 최근 자주 언급되는 '아이를 키울 때 첫 2년이 특히 중요하다'는 말의 학문적 근거가 애착 이론이다.

엄마든, 아빠든, 할머니든, 유모든, 자신을 키워주는 주 양육자와 안정적인 애착secure attachment을 형성한 아이는 자라서 타인과 관계를 맺을 때도 안정적인 관계 양상을 보인다. 타인을 대하거나 관계 맺는 것을 두려워하지 않는다. 기본적으로 상대를 신뢰하기 때문에 공연히 의심하거나 집착하지도 않는다. 서로가 서로에게 각별한 사이가 되는 것을 기쁘게 생각하지만, 그만큼 타인을 존중하고 그와 자신의 독립성을 인정한다. 서로가 여전히 서로이면서도 함께하는 편안한 사이다.

반면 주 양육자의 돌봄 및 감정 교류 부재, 방임, 학대 등으로 불안정 애착insecure attachment을 형성한 경우에는 성인이 되어서도 관계가 어려울 소지가 있다. 안정적인 애착을 형성한 이는 자기 자신과 타인을 긍정적으로 여기는 반면 불안정 애착을 형성한 이는 스스로나 타인을 부정적으로 인식해 성인이 되어서도 안정적이지 못한 관계 양상을 보인다. 다음은 성인 불안정 애착의 세 가지 유형이다.

마음의 해열제, 가슴에서 자꾸 열이 날 때

스스로를 긍정적으로 인식하고 타인을 부정적으로 인식하는 경우를 부정-회피형^{dismissive-avoidant} 애착 유형이라 하며 다른 사람과 관계가 깊어지는 것을 불편해하고 도가 지나칠 정도로 독립성을 추구한다. 사랑하는 사람과 더 친밀한 사이가 되고 싶은 마음을 억압하고 각별한 애정 관계를 맺는 데 거부감을 느낀다. 그 거부감의 근원은 어린 시절 충분한 사랑을 받지 못했던 기억인데, 그때의 좌절감을 다시는 느끼고 싶지 않은 것이다. 사랑받고 싶은 마음이 클수록 그러지 못했던 과거의 상처가 두려운 나머지 스스로를 과대하게 생각하고 타인을 평가절하하며 애초에 버림받지 않는 형태인 독립적인 삶에 매진한다.

자신과 타인 모두를 부정적으로 인식하는 것은 두려움-회피형^{fearful-avoidant} 애착 유형이다. 이러한 유형의 사람은 타인을 멀리하기보다 관계 자체를 두려워한다. 애정을 원하지만 타인을 믿지 못하고 스스로도 사랑하거나 받을 자격이 없다고 생각한다. 대인 관계를 지속적으로 회피하게 되며 애정 자체를 혐오하는 것이 아니기에 이유 모를 공허함을 느끼기 쉽다.

부정-회피형과 두려움-회피형은 대인 관계를 회피한다는 점에서 결과적으로는 유사하나 스스로 자기 자신을 인식하는 자아상에서 차이를 보인다. 두 유형을 비교하면, 우선 부정-회피형은 내면의 공허를 과도한 자기애로 보상한다. 즉 스스로를 지나치게 괜찮은 사람으로 간주하고 타인을 폄하하면서, 괜찮은 자기 자신에 비해 부족한 타인과 관계를 맺는 것을 하찮게 여기고 회피한다. 이에 반해 두려움-회피형은 타인뿐 아니라 스스로까지 부정적으로 바라보기 때문에, 자기 자신과 타인 모두를 '사랑을 주고받을 가치가 없는 사람'으로 상정하여 관계를 불편해하고 거부한다는 차이가 있다.

자기 자신을 부정적으로 인식하고 타인을 긍정적으로 인식하는 경우는 어떨까. 이를 불안-집착형anxious-preoccupied 애착 유형이라 하는데, 이러한 유형의 사람은 마음이 가는 이에게 집착한다. 이들은 사랑하는 상대를 못난 나와 대비해 지나치게 좋은 사람, 결코 놓치면 안 되는 사람, 곁에 두어야 하는 사람으로 인식하고 상대에게 쉽게 마음을 허락한다. 스스로에 대해 자신이 없기에 나와 다른 멋진 사람과 관계를 맺는 것으로 자존감을 채우려 하지만 그럴수록 스스로는 초라해진다. 끊임없이 가까워지는 관계를 추구하고 그가 떠날까 봐 시시각각 두려워한다.

세심함이 집착으로 변하지 않으려면

부정-회피형 애착과 두려움-회피형 애착을 형성한 사

람은 애초에 타인을 경계하거나 자신의 독립성을 추구하느라 타인과의 관계가 깊어지는 것을 스스로 멀리 한다(그러나 공허함에서 자유로울 수는 없다). 주목할 것은 불안-집착형 애착 유형이다.

다른 불안정 애착 유형이 애초에 관계 형성을 회피하도록 하는데 반해 불안-집착형 애착의 소유자는 타인에게 쉽게 이끌리고 마음을 준다. 따뜻한 인사말, 눈웃음, 사소한 배려, 그간 외롭고 시린 마음에 다가오는 조그만 따뜻함에도 운명 같은 포근함을 느낀다. 그리하여 마음을 준 대상과 한없이 가까워지기를 원하고 영원히 그가 내 곁을 지켜주고 사랑해주기를 원한다.

혹시 사랑하는 이와의 이별을 겁내본 적이 있는가. 헤어짐을 겁내는 사람에게 내가 모르는 연인의 마음속 공간은 무섭다. 내 손이 닿지 않는 그의 마음속 어딘가에 나를 미워하고 심지어 떠나고 싶은 마음이 떠오를까 두려운 것이다. 어린 시절 그토록 사랑하던 주 양육자에게 버림받던 기억이 그대로 되살아나는 아픔이다. 그럴 때면 불안-집착형 애착 유형을 지닌 사람은 상대방의 마음을 모조리 파악하려 하고 그럼에도 불안이 해소되지 않을 땐 통제하려 들기도 한다. 그의 일거수일투족을 알려 하고 그의 생각과 행동이 내 손바닥 안에서 이루어지길 원한다.

시작은 꽤나 아름답고 상쾌했던 관계는 그리하여 시간이 지날수록 진득하고 피곤한 것으로 변질된다. 아무리 누군가를 사랑한다 하더라도 사람은 누구나 자기 자신만의 마음 공간이 필요하다. 하지만 불안-집착형 애착은 사랑하는 사람의 독립성을 용납하지 못한다.

끊임없이 상대방이 무엇을 하는지, 처음처럼 자신을 사랑하는지 확인한다. 그와 마치 한 몸이 되려는 듯 같은 생각을 하고 같은 마음을 가지기를 바란다. 타인과 온전히 생각과 마음이 같아지기를 바라는 마음 아래에는 더 이상 버림받고 싶지 않다는 마음, 어린 시절 애착 대상에게 충분히 받아들여지지 못해 비롯된 공허함, 이별을 막고 통제하고 싶은 마음이 자리 잡고 있다.

안타까운 것은 집착 받는 이, 집착하는 이 모두 이러한 양상의 관계를 원치 않는다는 것이다. 상대방이 무엇을 하는지 끊임없이 묻고 자기 생각에서 벗어난 행동을 할 때 정도 이상으로 화를 내는 것은 어느 한 쪽만이 아닌 두 사람 모두에게 힘든 일이다.

그렇다면 불안-집착형 애착을 형성한 이는 사랑하는 이를 힘들게만 할까. 그렇기에 사랑해선 안 되는 걸까. 물론 아니다. 상대의 마음을 세심하게 돌아보고 이에 반응하는 것, 이는 선을 넘지만 않는다면 관계를 오히려 윤택하게 할지도 모른다. 그렇다면 세심이 집착이 되지 않는 선을 지키려면 어떻게 해야 할까. 내 마음속 숨어 있는 결핍을 돌아보아야 한다. 그를 끊임없이 떠올리고, 그리워하고, 걱정하고, 의심하는 마음이 온전히 그와의 관계에서 비롯된 것인지, 혹시 어릴 적부터 채워지지 않은 공허함과 불안을 그와의 관계를 통해 해소하려는 건 아닌지를 되짚어보는 것이다.

나를 위로할 수 있는 유일한 사람

버림받을까 두려운 마음, 공허함은 현재의 관계와는 상관없는 나만의 과거에서 초래된 것이다. 따라서 이는 타인이 채워줄 수 있는 마음이 아니다. 오히려 이로 인해 상대를 구속하고 상대에게 집착하느라 지금의 관계를 어렵게 한다.

과거를 바꿀 수 있는 방법은 없다. 오늘의 행복으로 과거의 아픔을 덮어야 하는 것도 아니며, 덮을 수도 없다. '과거를 바꿀 수 없다'는 대목에서 무력감이 느껴지는가? 만약 과거로 돌아가 어린 시절의 힘들었던 기억들을 되돌릴 방법이 있다면, 우리는 끊임없이 더, 조금 더 완벽한 순간을 만들고자 과거로만 돌아가려 할 것이다. 그러나 예전으로 돌아가 삶을 수정할 방법은 없다. 그렇기에 역설적으로 과거에 연연할 이유도, 필요도 없다.

대신 우리에게 필요한 것은 여기, 지금 이 순간에 이루어지는 생각과 감정, 행동에 집중하는 것이다. 예를 들어 연인이 이유를 모르게 갑자기 연락이 되지 않아 급격히 화가 났을 때를 가정해보자. 그가 단지 연락이 되지 않기 때문에 그토록 화가 났을까? 물론 일정 부분은 그럴 것이다.

하지만 조금만 더 마음을 찬찬히 살펴보자. 어쩌면 예전에 헤어진 연인이 연락이 잘 되지 않았는데 알고 보니 바람을 피웠던 아픈 기억이 마음을 스쳐갔을 수도 있고, 더 오래 전 집에 돌아오지 않는 부모를 기다렸던 슬픔이 마음속에 오래된 상처로 남아 있을지도 모른다. 곰곰이 마음을 되짚다 보면, 지금의 화, 나의 격한 감정이 오직 지금의 연인에게서만 비롯된 것이 아니라 이제는 연연하지 않아도 되는 과거의 감정이 덧칠된 것임을 알 수 있다.

그것으로 충분하다. 내가 지금 보고 느끼는 감정과 생각이 온전히 지금의 사건 때문이 아닐 수도 있음을 아는 것, 과거의 기억과 생각, 감정에 여전히 사로잡힐 때가 있다는 것, 그

　마음의 해열제, 가슴에서 자꾸 열이 날 때

리고 그때와 다른 지금은 더 이상 그에 연연하지 않아도 된다는 것을 어렴풋이나마 느낀다면, 도무지 어찌할 수 없을 것 같던 불안과 슬픔에서 조금은 자유로워질 수 있다. 그렇게 마음을 가다듬다 보면 이내 연락이 올 것이다. '미안, 갑자기 잡힌 회의 때문에 연락을 못했어.'

쉽게 사랑하고 쉽게 상처 받는다면, 그러고 싶지 않은데도 상대와 나 스스로를 구속하고 그러지 못할 때 두려움이 반복된다면, 한번쯤은 자신의 마음을 돌아보았으면 한다. 이토록 그에게 끌리고 빠져드는 마음이 온전히 그로 인한 것인지, 아니면 사랑에 고픈 내 마음 때문인지.

어린 시절, 마음의 안식과 위안을 얻지 못했던 것이 내 잘못은 아니다. 나를 키워준 이들을 원망할 수도 있지만, 삶의 무게를 지고 살아가는 어른이 되고 나니 어렴풋이 짐작할 수 있다. 그들에게도 말 못할 사정과 고뇌가 있었을 것임을. 무작정 공허해하고 슬퍼하거나 누군가를 원망하거나 나를 구원해줄 누군가를 기다릴 수도 있지만, 이제는 그보다는 나 자신을 들여다보고 다독여야 한다.

누구도 알지 못하는, 누구에게도 말하지 못하는, 가슴 깊숙이 밀어두었던 기억과 감정을 스스로는 알고 있다. 끊임없이 공허해하고 슬퍼하는 마음속 깊이 자리 잡은 그때의 나. 누군가 해주길 간절히 바라는 그 위로를 내가 직접 그때의 나에게 건네는 것이다. '그래, 그땐 그렇게나 힘들었지, 이제는 그때에 연연하지 않고 내 삶을 살아갈 수 있어. 너무 고생 많았어. 이젠 괜찮아.' 그것이야말로 다른 이가 줄 수 있는 어떤 위로보다 진하게 와닿을 것이다. 일시적인 안도감은 그야말로 '일시적'이라서 오래가지 못한다. 결국 자신을 위로할 수 있는 사람은 자기 자신이다. 오래도록 나와 관계를 맺으며, 나를 보듬어주고 지켜봐주고 사랑할 수 있는 존재는 나 자신이기 때문이다.

⌒⌒ 　　안타깝게도 먼 과거에 충분히 사랑받지 못하고 외로웠다면, 그리하여 사랑이 고프다면, 아픈 과거와 그 마음을 있는 그대로 바라봐주고 스스로를 다독여주자. 처음에는 잘 되지 않을 수 있다. 당연한 일이다. 괜찮다. 꾸준히 마음을 돌아보며, 머리로 이해하는 것을 넘어 가슴으로 느껴보길 바란다. 또다시 쉽게 마음을 허락하고 상처받지 않도록, 그토록 사랑할 누군가를 구속하지 않도록.

너를 사랑하고
또 증오해

변하는 건 너일까, 내 마음일까

사랑의 반대는 미움이 아닌 무관심. 식상한 말이지만 연애든, 짝사랑이든 누군가를 좋아해본 사람이라면 누구나 공감할 것이다. 사람은 마음속에서 지우려 한다고 지워지는 존재가 아니다. 내가 그를 잊었다는 사실조차 잊은 채 지내다 불현듯 그토록 사랑했던 누군가를 더 이상 떠올리지 않고 있음을 깨달을 때 우리는 비로소 사랑이 끝났음을 안다.

누군가를 마음에 담고 있다는 점에서 사랑과 증오는 닮았다. 미움도 그를 내 마음속 한편에 두어야 할 수 있다. 강렬한 증오는 사랑 못지않게 그 대상이 내 마음을 차지하는 지분이 많다는 것을 의미한다.

마음의 해열제, 가슴에서 자꾸 열이 날 때

상담을 하다 보면 누군가가 한없이 좋다가 사소한 일로 실망하고 돌아서는 대인 관계의 패턴 때문에 고민하는 이들이 많다. 누군가에게 흠뻑 반해 사랑에 빠졌다가 조그만 갈등이 씨앗이 되어 이별에 이르기도 하고, 누군가와 만난 지 그리 오래되진 않았어도 마음이 통했다고 생각해 깊이 믿고 의지하다 이내 실망하고 돌아서기도 한다.

살면서 만나는 모든 사람을 좋아하고 사랑할 수 있을까. 당연히 그럴 수 없다. 보통 우리는 모든 사람이 나와 잘 맞고 좋을 것이란 기대는 접어둔 채 살아간다. 그렇지만 적어도 한번 좋게 생각한 사람은 계속 그렇게만 남아주면 좋겠는데, 그 기대마저 허무하게 접어야 할 때가 많다. 아니, 오히려 기대할수록 실망하는 것이 사람 마음이다. 사랑을 예로 들면, 그토록 빠져들었던 사람이 헤어질 때는 세상 다시없을 몹쓸 사람이 된다. 차라리 깊이 만나지 않았더라면 그는 내게 언제고 좋은 사람으로 남았을까. 우리는 왜 언제나 누군가에게 빠지고 또 절망할까.

말로 설명하기 힘든 끌림

살아가다 보면 잊을 수 없는 사람의 따뜻함을 느끼던 순간이 있게 마련이다. 할머니께서 지어준 밥, 부모님 손을 잡고 놀이동산을 걷던 일, 또래 친척들과 놀던 시골의 동산, 유달리 따뜻하게 안아주던 엄마의 품 속, 의식 혹은 무의식 속으로 반딧불처럼 반짝이는 아름다운 순간들이 마음 곳곳에 자리 잡는다.

　　냉정한 세상 앞에 좌절하고 배신에 절망하다 보면 그 순간들이 그리워진다. 나를 있는 그대로 바라봐주고 한없이 포용해주던 포근한 기억들. 정도의 차이는 있지만 사람은 누구나 깊은 안식을 주는 타인과의 관계를 갈망한다.

　　그렇게 허전한 마음, 그리움을 끌어안은 채 살아가다 보면 나도 모르는 사이 내 마음 깊이 들어와 나를 위로해주는 이들을 만나게 된다. 유난히 듬직한 그의 뒷모습에서 언제고 나만을 아껴주던 아버지가 떠오를 수도 있고, 다정한 말투와 세심한 배려에 돌아가신 할머니가 그리워질 수도 있다. 이러한 생각이나 느낌은 의식할 수도, 무의식에서 일어나 의식하지 못할 수도 있다. 중요한 것은 지금 눈앞의 그를 대하며 너무 오래되어 잊고 지냈던 무조건적인 포근함을 느낀다는 데 있다.

　　유독 자상한 말투에 쉽게 끌리는 이가 있다고 하자. 그는 어쩌면 살면서 말투가 다정한 사람과 함께한 좋은 기억이 많았을지 모른다. 부모, 선생님, 친구 등 그에게 중요한 사람 중에 자상한 말투로 그를 다독여준 이가 있을 수도 있다. 우리는 흔히

'말하는 것에 반했다', '목소리에 꽂혔다'라고 하지만 호감의 근원은 지금 여기서 잠깐 들려오는 달달한 음성만이 전부가 아니다. 그 목소리를 들을 때 마음속 깊은 곳에서 피어나는 기억이 누군가에게 빠져드는 근본적인 이유다. 그에게 중요했던 과거의 누군가가 자상한 말들과 함께 자기 자신을 보듬어주던 때의 그 감정이, 말씨가 부드러운 낯선 이에게 겹쳐 보이는 것이다.

물론 멋진 외모나 목소리 같은 생물학적인 요소는 호감에 많은 영향을 미친다. 하지만 살다보면 납득할 수 있는 수준 이상으로, 말로 설명하기 힘든 끌림을 경험한다. 타인을 그저 좋은 상대로만 바라보고 상상하는 경향성, 이상화idealization다.

이러한 경향은 아이러니하게도 나 자신, 내 삶, 내 마음의 결핍에서 비롯된다. 삶이 외롭고 힘겨울 때, 홀로 감내하기 힘들 정도로 마음의 상처가 심할 때, 이를 어루만져줄 누군가를 기다리게 된다. 약한 끌림에도 그를 나의 구원자로 여기는 마음, 이상화의 덫이다.

편안한 관계를 가로막는 걸림돌

미움이 사랑과 반대가 아니라 오히려 깊은 연결 고리를 가진 것처럼 누군가를 모든 면에서 나쁘게 바라보고 폄하하는 평가절하devaluation는 이상화와는 떼려야 뗄 수 없다. 이상화가 빛이라면 평가절하는 그림자다. 내 마음을 보듬어줄 누군가를 기대하는 마음이 '이상화'에 투영된다면, '평가절하'에는 반대로 그 기대를 좌절시킨 대상을 폄하하고 오직 나쁜 사람으로만 바라보는 마음이 반영된다.

앞서 들었던 이상화 예시를 통해 평가절하를 한번 살펴보자. 기억 속 아버지의 음성이 유난히 다정했고 아버지와의 추억이 너무도 아름답고 그립기에(이러한 기억들이 무의식이나 전의식 수준에 있다면 스스로는 의식하지 못할 수도 있다), 나는 자상하게 이야기를 하는 이에게 유독 끌린다. 나는 마치 운명처럼 따뜻한 말로 나를 위로하는 사람을 만났고 이내 그를 좋아하게 되었다. 그러나 지금 자상한 말투로 내 마음을 가져가버린 이 사람이 아버지처럼 나를 따뜻이 보듬어줄까?

그럴 수도 있지만 아닐 수도 있다. 오히려 말투만 따뜻할 뿐 막상 만나 보면 속은 한없이 차갑고 냉정한 사람일 수도 있다. 그런데 만약 내가 이미 그에게 마음을 많이 빼앗긴 상태라면, 그리고 그가 내 마음을 보듬어줄 유일하고 완벽한 사람이라 생각했다면, 그에게 느끼는 실망감 역시 아무런 기대나 호감이 없을 때보다 배가될 것이다.

그러나 실은 우리 모두 알고 있다. 나를 포함한 모든 이는 완벽하지 않다는 것을. 모든 사람의 마음은 그 하나하나가 깊은 바다와 같다. 우리는 그 위를 떠다닐 뿐 내 마음의 깊이가 얼마인지, 그 아래 무엇이 있는지 전부 알 수 없다. 분명한 사실은 제각각 우주 같은 그 공간 안에 좋은 면과 그렇지 못한 면을 함께 품고 있다는 것이다.

마음은 한결같지 않다. 오늘 하루만 보더라도 얼마나 많은 기쁨과 고뇌가 마음을 들락거렸는가. 타인도 마찬가지다. 우리는 항상 내게 따뜻한 누군가를 기대하지만 한없이 좋았던 사람도 어느 날 다른 사람과 마찬가지로 내게 상처를 준다. 이는 안타깝고 경험하고 싶지 않은 일일 뿐 그래서는 안 되거나 일어날 수 없는 일은 아니다.

무엇보다 우리는 타인을 완벽히 알 수 없다. 나 자신의 마음조차 헤아리지 못하는데 몇 마디 말, 몇 가지 표정과 행동으로 타인의 마음을 모두 알아차릴 수 있다는 것은 환상이다. 우리는 그를 안다고 생각할 뿐 (스스로를 포함하여) 그 누구도 알지 못한다.

이상화와 평가절하를 통해 타인을 바라보는 것은 상대의 조각만을 바라보는 것이다. 좋은 면만 혹은 싫은 면만을 떼어내 그의 전체로 삼아 바라본다. 누구에게나 아름다운 면, 증오스러운 면이 있다. 오직 괜찮기만 한 사람, 처음부터 끝까지 잘못되기만 한 사람은 드물다. 다만 마음의 눈이 그들을 세상에 다시없을 좋은 사람으로 혹은 세상에 오지 말았어야 할 나쁜 사람으로 바라볼 뿐이다.

이상화와 평가절하를 경계해야 하는 이유는 이러한 경향들이 편안한 관계를 이어가는 데 걸림돌이 되기 때문이다. 이상화에서 비롯된 무한한 기대는 상대에게 부담을 안길 테고, 평가절하로 인한 폄하는 불쾌함과 억울한 감정을 불러일으킬 수 있다.

사람과 사람의 신뢰는 때로 다투고 어긋나며 또 함께 웃는 시간 속에 쌓인다. 이상화한 이를 향한 과도한 집착, 평가절하한 상대를 향한 냉대, 이 모두가 관계 단절을 부른다. 그렇게 떠나보낸 인연들 속에는 서로에게 큰 의지가 될 만한 소중한 이도 있었을지 모른다.

그러니 누군가가 마냥 좋아 보여 그에게 너무 깊게 빠져드는 중이라면 혹은 누군가가 나쁘게만 보여 그를 증오하게 되는 중이라면, 조금만 마음의 발걸음을 늦추자. 좋아하는 이를 경계하고 싫어하는 사람을 좋게 보자는 말은 아니다. 다만 좋은 점과 나쁜 점을 동시에 지닌 누군가를, 좋게만 혹은 나쁘게만 보는 내 마음을 먼저 돌아보자. 삶에 지쳐 누군가에게 기대고 싶은 마음은 아니었는지, 그 기대가 좌절되어 그저 실망한 것은 아닌지.

누군가를 너무 좋아하거나 너무 싫어하는 마음의 고삐를 잡기가 도저히 힘들다면, 한 가지 사실만은 기억하자. 그도 나처럼 그저 그런 한 사람일 뿐이라는 것을.

○○ 글을 쓰며 삶에서 스쳐간 얼굴들을 하나둘 떠올려본다. 많이 좋아하고 또 미워했던 이들. 이제 와서 구태여 그들을 폄하하거나 미화하고 싶지 않다. 다만 그들을 그렇게 볼 수밖에 없었던 그때의 내 마음을 되돌아본다. 그리고 이미 알고 있던 사실을 비로소 떠올린다. 그들도 단지 평범한 한 사람이었을 뿐임을. 그리고 내 마음에서 그들을 비우고 그 빈자리를 정돈해본다. 그리 대단하게 좋지도 싫지도 않은 그저 그런 이들, 하지만 함께 하면 왠지 따뜻하고 기분이 좋은 이들이 들어올 내 마음속 자리를 비워두기 위해.

그 사람이 떠날까 봐
두렵다면

거절에 대한 두려움과 경계성 성격장애

매력의 요소는 무궁무진하다. 개개인이 타인에게 끌리는 부분 역시 제각각 다르다. 누군가에게 호감을 주는 요소가 다른 이에게는 혐오를 불러일으키는 일도 흔하다. 취향에 법칙은 없다. 그렇기에 모든 사람에게 사랑받는 것은 어렵다.

그렇다면 '나 역시 누군가를 사랑하며 누군가를 미워한다'라는 명제는 참인가. 받아들이긴 싫지만 동의할 수 있다. '지금 이 순간도 누군가는 나를 미워하고 있다'는 어떤지. 음, 이건 좀 그렇다. 왠지 받아들이기 불편하다. 타인이 자신을 거부하거나 거절하는 의사를 밝힐 때 혹은 은연중에 피하는 기색을 보일 때 느끼는 극심한 공포와 불쾌감을 거절에 대한 두려움^{rejection}

마음의 해열제, 가슴에서 자꾸 열이 날 때

^{fear} 이라 한다. 이는 주로 경계성 성격장애의 특성으로 언급된다.

병적인 수준이 아니더라도 거절에 대한 두려움은 일상생활에서도 흔히 발생한다. 타인이 자신을 피하거나 거부감을 가지는 것은 누구에게나 그 자체로 불편한 일이다. 누군가와의 사이에 단순한 대인 관계 이상의 가치가 투영되어 있다면 두려움은 더욱 커진다. 예컨대, 어렵게 취직한 직장이 마음에 든 나머지 '이 직장에서 오래도록 머물고 싶다'는 생각이 들면 상사에게 잘 보여야 할 것만 같고 혹시 흠 잡힐까 두렵다. 새로 만난 연인이 너무도 사랑스러워 '이번에야 말로 겨우 만난, 결코 놓치고 싶은 운명 같은 사람'이란 생각이 들면 외려 이별에 대한 공포가 심해진다. '평생을 같이 할 친구, 미래를 만들어줄 스승', 특별하다고 '생각하는' 이들과의 불화는 '그가 나를 거부하면 어쩌지'라는 공포로 이어진다.

관계를 좀먹는 거절에 대한 두려움

관계를 중요하게 생각하고 이를 잘 가꾸려는 노력이 나쁘다고는 할 수 없다. 거절에 대한 두려움도 때론 관계를 유지하는 원동력이 된다. 두려움은 긴장을 유발하고, 이는 상대의 마음과 기색을 더욱 세심하게 돌아보고 배려할 수 있는 재료가 되기 때문이다. 하지만 거절에 대한 두려움은 대개 관계를 윤택하게 하기 보다는 멀어지게 하는 요인으로 작동한다.

거절에 대한 두려움이 크면 관계의 단절에 대한 걱정이 일상이 된다. 상대와 건설적인 성과를 일구거나 추억을 만들 소중한 시간들이 '관계가 틀어지면 어쩌지'를 고민하다가 덧없이 흐른다. 상대의 사소한 행동에도 민감하게 반응한다. 별 생각 없이 툭 던진 말에도 끝없는 고민이 꼬리표처럼 붙는다. '왜 저런 이야기를 할까, 저런 말을 하는 속뜻은 무엇일까.' 그리고 이어지는 걱정은 한 가지 질문으로 귀결된다. '혹시 나를 싫어하는 걸까.'

사실 여부를 떠나 이러한 생각 자체가 관계를 어렵게 한다. 상대의 기분을 살피느라 말 한마디도 편히 못하고, 그의 마음을 상하게 하진 않을까 싶어 행동도 위축된다. 내 마음이 편하지 않기에 함께하는 동안 어색한 기색이 감돈다. 편안할 때의 내 모습, 내 매력이 드러나지 않는다. 상대도 내 어색함을 감지한다. 속내를 알 수는 없지만 왠지 그의 감정에도 변화가 생긴 것 같다. 점점 함께하는 시간이 불편함으로 물들어간다.

예를 들면, 그간 잘 지냈던 직장 동료와 업무적인 문제로 다퉜다고 해보자. 최근에 오고갔던 불편한 감정들 때문에 상

마음의 해열제, 가슴에서 자꾸 열이 날 때

대가 나를 어떻게 생각할지 신경이 쓰인다. 출근 후 마주친 그와 나누는 인사가 평소와 달리 부자연스럽다. 가볍게 주고받는 농담도 전과 같지 않고 오가는 말 한마디에도 그의 속뜻을 고민하게 된다. 나의 말과 행동이 그에게 나쁘게 비춰지진 않을지 걱정되어 그를 대하는 것이 불편하기만 하다. 관계는 점점 전과 같지 않게 되고 '이젠 나를 싫어하는 걸까'라는 서글픈 생각이 점점 마음을 채운다. 등장인물, 상황, 디테일만 다른 양상으로 연인, 친구, 가족의 틈을 비집고 피어나는 거절에 대한 두려움은 그 관계를 좀먹는다.

그 걱정은 얼마나 타당한가

그렇다면 '나를 싫어할까'라는 걱정은 얼마나 타당한가. 몇 마디 말과 행동으로 다른 사람이 나를 다 아는 것처럼 말할 때 불쾌감을 느껴본 적 있는가? 우리가 바라보는, 심지어 그의 전부라 믿어버리기까지 하는 타인의 모습은 실은 그저 몇 마디의 말, SNS 한 토막 분량의 글, 극히 한정된 시간 동안 보이는 그의 행동 정도가 전부다. 오해는, 내가 아는 한정된 상대의 모습으로 '저 사람을 안다'고 쉽게 생각할 때 자란다.

내 관점에서 '저 사람이 나를 싫어한다, 피한다'는 생각이 들 수는 있으나 그것이 얼마나 진실에 가까운지는 한 번 더 생각해볼 필요가 있다. 부정적으로 생각하지 말라는 얘기가 아니다. 타인의 말과 행동에 대한 내 생각, 내가 느낀 감정이 '틀릴 수 있음'을 생각해보자는 것이다. 지금 나와 마음의 거리가 가장 가까운 이를 떠올려보자. 부모, 형제, 친구, 연인, 배우자…… 누구든 좋다. 그들과 지금까지 단 한 번의 오해도 없이 지냈는가? 그렇지 않을 것이다. 자기 자신조차 모두 헤아리기 힘든 깊은 마음을, 제한된 방식으로 더듬듯 나누는 것이 관계다. 어쩌면 서로의 마음이 고스란히 전해지기를 원하는 것 자체가 너무도 무모한 바람일지도 모른다.

내가 타인을 대할 때를 생각해보자. 나는 모든 사람을 좋게만 바라보는가? 아마 그렇지 않을 것이다. 그렇다면, 적어도 싫어하진 않는가? 이 역시 어려운 일이다. 수줍게 들킬까 조심하며 사랑하거나, 차마 말하진 못한 채 증오한다. 그리고 그보다 더 많은 이에게는 특별한 감정이나 생각이 없다. 의식조차 하지 않는다. 마찬가지로 누군가는 지금 이 순간 나를 흠모하고 있다. 동시에 많은 이가 내게 무관심하며, 안타깝게도 소수의 누군가는 나를 미워하는 중이다.

가족, 어린 시절 조건 없이 만난 친구들, 오래된 연인,

마음의 해열제, 가슴에서 자꾸 열이 날 때

배우자…… 나의 작은 정성도 크게 느껴주는 이들이 있다. 결이 비슷한 사람들. 그들과 우리가 함께 하는 것은 내가 그들에게 특별히 잘해서도 아니고 그들이 내게 주는 것이 많아서도 아니다. 억지로 포장하지 않는 대화가 즐겁고, 잘 보이기 위해서가 아니라 주고 싶어서 호의를 베푼다. 가끔 다투고 그보다 더욱 아끼며 소중한 시간을 쌓는다.

떠나온 직장의 상사, 더 이상 보지 않고 지내는 친구들, 헤어진 연인들, 내 삶을 잠시 거쳐 간 이들도 떠오른다. 신경을 써도 어딘가 삐걱대던 관계, 공동의 목적만 아니면 만나기조차 싫은 느낌이 함께 떠오른다. 같은 말을 두고도 생각하는 관점이 다르고 예기치 못한 곳에서 오해가 생기기 일쑤였다. 잘 지내보려는 마음과 노력에도 불구하고 점차 멀어졌다.

그리고 억지로 기억해야 떠오르는 사람도 있다. 지금은 이름조차 어렴풋한 수많은 사람, 같은 반, 같은 과에 속했던 데면데면한 친구들, 친구의 친구로 몇 번인가 만나고 스친 인연들, 업무로 만나 사무적인 대화만을 나누다 서로의 존재를 잊은 사람들. 그렇다. 살아가며 가장 자주 마주치는 이들은 실은 지나고 보면 이렇게 마음속에 어떤 흔적도 남기지 않는 이들이다.

"살아가며 10명의 사람을 만나면 2명은 나를 좋아한다.

3명은 나를 싫어할 것이며, 5명은 나를 좋아하지도 싫어하지도 않고 그저 그렇게 바라볼 것이다." 기억에 남는 은사님의 말씀이다. 마치 삶의 원리가 그렇게 만들어진 것처럼 우리는 서로 끊임없이 사랑하거나 미워하거나 무관심할 것이다.

누군가가 떠날까 봐 두렵다면 역설적으로 그를 향하는 시선을 거두어 내 마음을 들여다보았으면 한다. 그가 떠날까 두려워하는 나, 그가 내게 소중한 이유, 그가 없었던 때의 내 삶과 내가 바라는 행복. 각기 다른 행복을 추구하는 타인들에게 어떻게 일일이 맞출지 고민하는 대신 나는 어떤 사람인지, 내가 원하는 삶은 어떤 모습일지를 발견하고 가꾸다 보면 뜻이 맞는 사람이 먼저 다가올 것이다.

내게 달리지 않은 결과에 대한 고민은 불안을 부른다. 쉽진 않겠지만, 미래에 벌어질 일에 대한 마음을 비우면 지금 내가 할 일이 보인다. 관계도 마찬가지다. 타인을 억지로 내 곁에 둘 수 있는 방법은 없다. 자꾸만 다른 사람이 자신을 부정적으로 생각할까 봐 두렵다면 불안한 생각의 주어를 '나'로 바꾸는 연습을 해보자. '저 사람은 나를 싫어해'를 '지금 내가, 저 사람이 나를 싫어한다고 생각하는구나'로, '다른 사람들이 나를 안 좋게 볼 거야'를 '내가, 다른 사람이 나를 안 좋게 볼까 봐 걱정하는구나'로. 말장난 같지만 이렇게 주어를 바꾸다 보면 지금 느끼는 두려움이 '팩트'가 아니라 내 마음속에서 자라난 '주관적인 불안'임을 조금씩 깨닫게 될 것이다.

대단한 이와 친하게 지내는 것이 나라는 사람을 우월하게 만들어주지 않는 것처럼 누군가와의 관계가 내 마음처럼 되지 않는 것이 내가 미움받을 사람이란 증거는 아니다. 타인에게 인정받고 사랑받기 위해 존재하는 사람은 없다. 하나뿐인 나 자신의 길을 나아가다 보면 결이 맞는 이들과 마음이 통하는 감사한 순간도 있으나 안타깝게 어긋날 때도 있게 마련이다. 사람 마음은 마음대로 되는 것이 아니니 어떤 노력도 무의미하다는 말은 아니다. 오히려 그렇기에 곁에 있는 이들에게 정성을 다하는 노력이 필요하다. 어긋나버릴 수도 있었을 수많은 변수에도 불구하고 같은 것을 보며 웃고 같은 생각에 감동하는 감사한 사람들. 살며 지나치는 모든 이에게 사랑받지 못할까 초조해하기보다 곁에서 있는 그대로의 나를 바라봐주는 이들을 돌아보면 어떨까.

우리는 서로에게
해답이 될 수 있을까

사랑하는 이의 삶을 구원하고 싶은 마음

나에게도 연애 흑역사가 있다. 어릴 적 오래도록 짝사랑했던 친구에게 이렇게 고백했다. "내가 이렇게나 너를 좋아하니까, 너는 나와 사귀면 제일 행복할 거야."

혹시 나와 비슷한 방식으로 고백을 하려는 이가 있다면 멘트를 다시 생각해보기를 권한다(경험상 결과가 그리 좋지 않았다). 누군가를 좋아하는 건 나의 문제, 그가 나를 좋아하는 건 그의 문제이기에 나의 문제만으로 답을 낼 수 있는 영역이 아님을 그때는 몰랐다. 상대에게는 내가 그를 얼마나 좋아하는지보다 본인이 나를 얼마나 좋아하는지, 나와 함께할 마음이 있는지가 더 중요했다.

마음의 해열제, 가슴에서 자꾸 열이 날 때

우여곡절 끝에 연애를 하다 보면 만나기 전 겉으로 드러나는 모습에 가려져 있던 그의 그림자도 마주하게 된다. 숨겨진 삶의 질곡이 깊을수록 이를 보듬어주고픈 마음도 커진다. 그런데 아이러니하게도 그를 행복하게 해주고 싶다는 마음이 지나칠수록 무리하게 배려한다. 그러다 온 마음을 퍼주었는데도 변하지 않는 그의 모습과 해결할 수 없는 그의 문제에 지치고, 종국에는 그에게서 마음이 떠나는 나 자신을 발견한다.

곤경에 처한 누군가에게 힘이 되고 싶다는 정도를 넘어 그를 절망의 나락에서 구원하고 싶다는 마음을 구원 환상, 구조 환상rescue fantasy이라 한다. 이러한 구원 환상은 난치의 환자를 치유하려는 의사, 모두가 포기한 아이를 교육하려는 스승, 불행으로 점철된 상대의 삶을 구원해주려는 연인 등 다양한 곳에서 관찰된다. 기사화되거나 방송에 소개되어 두고두고 미담으로 전해지는 이야기도 많지만 우리는 이러한 시도들이 모두 아름다운 결말로 이어지는 것만은 아님을 알고 있다.

구원 환상에 숨어 있는 진짜 마음

여기 한 연인이 있다. 아픔을 안고 있는 이와 이를 감싸주려는 이. 그들의 시작은 아름답다. 허나 아름다운 시간이 쌓인다고 해서 상처가 모두 사라지는 것은 아니다. 보듬으려는 이는 '내가 이렇게 진심으로 너를 돌보고 아끼는 데도 왜 계속 아프니'라며 답답해하고 아픈 이는 '내 아픔이 이렇게 깊다는 것을 너는 이해해줄 거라 믿었어'라며 야속해한다.

그는 상대를 구원하고자 했으나 그것이 마음대로 되지 않음에 좌절하고, 또 다른 이는 비로소 의지할 상대를 만났다고 생각했으나 이전에 자신을 구원하겠다며 다가온 사람들과 크게 다르지 않음을 깨닫고 절망한다. 그들은 각자 생각한다. '나는 그를 구원하지 못했어.' '나는 또다시 구원받지 못했어.'

힘든 사람을 행복하게 하겠다는, 얼핏 보기에 좋은 마음만 가득해 보이는 이러한 환상이 어째서 아름다운 결말로 이어지지 않는 걸까. 문제는 정도다. 타인의 삶에 크지 않더라도 어떻게든 도움이 되고 싶다는 마음과 그의 삶이 처음부터 끝까지 잘못되었기에 이를 구원해주겠다는 마음은, 실은 다른 마음이다.

구원 환상의 기저에는 스스로를 지나치게 대단하게 생각하는 과대한 이상적 자아상과 스스로의 전능감을 확인하려는 마음이 깔려 있다. 과대한 자기 이미지는 세상의 기준, 스스로의 기준에 미치지 못하는 자신의 모습으로 인해 발생하는 열등감

마음의 해열제, 가슴에서 자꾸 열이 날 때

의 반작용인 경우가 많다.

자존감은 타인이나 세간의 평가에 휘둘리지 않고 스스로를 긍정하는 마음이다. 자존감이 높은 이는 자신의 부족한 부분도 있는 그대로 수용한다. 이는 그들이 외적으로 겸손해 보이는 이유다. 이에 비해 자존심은 타인에게 인정받으려는 마음이다. 자존심이 높다는 것은 스스로는 자기 자신을 인정하기 힘들다는 반증이기도 하다.

만약 자기 자신이 스스로를 충분히 인정하고 존중한다면 타인의 존경을 (물론 굳이 피하거나 싫어할 이유는 없겠으나) 갈구하지는 않을 것이다. 반대로 다른 사람의 시선을 과하게 의식하고 그들로부터의 인정, 부러움, 존중을 지나치게 바란다면 이는 홀로는 채우기 힘든 마음의 빈자리, 낮은 자존감으로 인한 공허함을 타인의 찬사로 메우고픈 것일지도 모른다.

스스로는 자신의 모습을 납득하기는 힘들기에 타인의 인정과 긍정이 필요한 마음, 이는 구원 환상의 근원이 될 수 있다. 혼자서는 충분히 답을 내리지 못했던 '나는 괜찮은 사람일까, 좋은 사람일까'라는 의문에 대해 세상이 선이라 인정해주는 일, 나를 희생해 누군가를 구원하는 일을 하며 타인으로부터 '당신은 좋은 사람이에요'라는 답을 구하는 것이다. 오래도록 힘겨웠던 누군가의 삶에 행복을 주는 일, 지금껏 누구도 해내지 못했고 앞으로도 그럴 것처럼 보이는 그 일을 해냄으로써 나 자신의 가치를 확인하고 세간의 인정을 받으려는 마음이 구원 환상 속에 숨어 있다.

'다른 이는 그를 감내하기에 부족하지만 나는 할 수 있다'는 전능감과 '나만큼 그를 진심으로 사랑하고 위하는 이는 없다'라는 낭만적인 자기상이 겹칠 때 구원 환상이 만들어진다. 이러한 마음으로 상대를 바라보다 보면, 상대를 내가 원하는 방향으로 이끌게 된다. 그의 행복 자체가 아니라 '내가 그를 구원으로 인도할 수 있는지'에 나의 초점이 옮겨진다.

마음의 상처는 몇 마디의 따뜻한 말과 다정한 손길 정도로 해결되기엔 지나치게 깊고 복잡한 경우가 많다. 겉으로 보았을 때 그 슬픔이 간단하고 얕아 보인다면, 실제로 그 아픔이 얕아서이기보다는 충분히 표현하지 못했거나 굳이 표현하기 싫어서인 경우가 더 많다. 그러나 관계가 내 전능의 시험대가 되면, 그의 아픔을 충분히 바라봐주지 못하고 기다려주지 못한다. 내 생각대로 행복해지지 않는 그와 아름다워지지 않는 우리의 관계를 탓하게 되고, 서로가 서로에게 실망한다.

마음의 해열제, 가슴에서 자꾸 열이 날 때

구원 환상과 사랑을 구분하는 방법

당연히 누군가를 사랑하고 행복하게 해주고픈 마음이 모두 비현실적인 환상은 아니다. 그렇다면 지금 내 마음이 파국을 부르는 구원 환상인지, 아니면 적당한 수준의 이타적 마음인지 어떻게 구분할 수 있을까.

그 방법은 간단하다. 내가 없어도, '나와 함께'가 아니라도 상대가 행복할 수 있을 때 이를 받아들이고 진심으로 기뻐해줄 수 있는지를 생각해보는 것이다.

예를 들어 의사라면 누구나 자신의 환자가 쾌차하기를 바란다. 그런데 내가 잘 치료하지 못했던 환자가 다른 의사와 치료를 진행하며 경과가 좋아졌다고 생각해보자. 만약 진심으로 환자가 나아지기를 바라는 마음이었다면 어느 환경에서든 그가 치유되어 기쁠 것이다. 하지만 그 마음이 나의 능력을 확인하고 환자에게 중요한 사람이 되고픈 마음이었다면 다른 의사의 손을 통해 치유된 환자를 보는 마음은 불편할 것이다.

연인 관계에도 같은 은유가 적용된다. '너를 사랑해', '행복하게 해줄게'라 표현하는 말 속에 '너는 나와 함께해야만 해', '나와 함께하는 게 네게 가장 행복이야'라는 속심이 포함되어 있다면 이는 구원 환상이다.

사랑하는 사람에게 사랑받고 싶다는 욕망은 당연하다. 다만 '그에게 중요한 사람이 되어 그가 영원히 내 곁에 있었으면 좋겠다'라거나 '다른 사람과 함께하는 것이 더 행복할 리가 없다'는 마음이 사랑이란 이름 아래 숨겨져 있지 않은지 항상 생각해야 한다.

여기, 두 가지의 마음이 있다. 하나는, 내가 그를 너무나도 원한다는 이유로 더 이상 나와 함께하는 것이 행복하지 않은 이를 어떻게든 곁에 두고 싶은 마음이다. 다른 하나는, 그를 가장 행복하게 해줄 수 있는 사람이 내가 아님을 깨닫고 애써 그를 떠나보내는 마음이다. 어떤 마음이 우리가 알고 있는 사랑에 더 가까울까. 내가 그를 구원하지 않아도 그가 행복할 수 있다면 괜찮은 마음. 내가 생각하는 사랑의 정의 중 하나다.

구원 환상에 대해 이해하며 문득 그런 생각이 들었다. 직업상 나를 찾았던 마음이 지친 이들, 친구들, 가족들, 그리고 사랑하는 사람들까지, 그들의 아픔, 어려움을 내 삶의 오류, 해결해야 할 과제로 간주하고 있었던 건 아닐까.

글을 쓰며 옛 기억을 더듬어 본다. 마음을 스치고 가는 이들, 그들에게 나는 어떤 사람이 되고 싶었던 걸까. 나는 그들을 사랑했던 걸까, 아니면 그들을 사랑하는 내 모습이 마음에

마음의 해열제, 가슴에서 자꾸 열이 날 때

들었던 걸까. 내 마음에 갇혀 그들을 있는 그대로 보지 못하고 사랑하지 못했던 건 아닐까. 지금은 더 이상 함께하지 못하는 그들이, 스스로가 원하는 모습으로 살아가고 있기를 바란다.

○○　살아가는 건 분명 때로 지치는 일이다. 그 고단함을 누군가 가 대신 짊어지는 건 불가능하다. 그 엄정함이 두려울 때도, 슬플 때 도 있다. 살아가는 건 외로움을 견디는 일이란 생각이 들기도 한다. 하지만 우리는 서로의 곁을 지킬 수 있다. 열이 날 때 이마를 닦아 주 고, 다리가 부러졌을 때 어깨를 기댈 수 있다. 우리가 서로를 구원할 수는 없지만 서로의 눈물을 닦아줄 수는 있다. 아무도 다른 누구에게 구원자일 수 없다는 말은, 어쩌면 겉으로 보이는 문장만큼 불친절하 고 삭막한 말은 아닐지도 모른다.

4

마음의 붕대,
부러지고 꺾인 마음이 버거울 때

삶을 이어갈 이유를
잊은 당신에게

지금 우울하다면 혹은 우울한 이를 위로하고 싶다면

"우울하다"는 말을 들었을 때 직관적으로 떠오르는 느낌 또는 생각이 있을 것이다. 역설적으로 우울증에 대한 편견은 이 때문에 생긴다. '나도 우울해봤다', '결국 마음먹기에 달렸다', '힘을 내면 극복된다', '의지의 문제더라' 같은 문장은 그러한 몰이해의 예다.

흔히 우울증을 '슬픈 병'이라 생각한다(나 역시 그러했다). 허나 슬픈 것은 '병'이 아니다. 슬픔은 인간이기에 자연스러운 감정이다. 오히려 슬퍼할 만한 일에 슬퍼하는 것이 건강한 마음이다. 우리는 보통 우울해봤다기보다 슬퍼해봤다.

치료가 더딘 우울증 환자들을 접하며 느낀 것은 그들이

마음의 붕대, 부러지고 꺾인 마음이 버거울 때

'슬픔에 빠졌다'기보다는 그들에게서 무엇인가가 '결여되어 있다'는 점이었다. 다음은 주요우울삽화의《DSM-5》진단 기준을 요약한 것이다.

다음의 증상 가운데 5가지(또는 그 이상)의 증상이 2주 연속 지속. 증상 가운데 적어도 하나는 1)우울 기분이거나 2)흥미나 즐거움의 상실이어야 함.

1)우울 기분.

2)일상 활동에 대한 흥미나 즐거움이 뚜렷하게 저하됨.

3)의미 있는 체중 변화, 식욕 변화.

4)불면 혹은 과다 수면.

5)정신 운동 초조 혹은 지연.

6)피로나 활력의 상실.

7)무가치감 혹은 부적절한 죄책감.

8)사고력·집중력 감소, 우유부단함.

9)자살 사고.

반드시 포함되어야 하는 증상 2가지 중 하나가 '일상

활동에 대한 흥미나 즐거움이 뚜렷이 저하됨'이라는 것은 많은 것을 시사한다. 일상 활동을 '삶'으로, 흥미를 '동기'로, 즐거움을 '행복'으로 바꾸어 보면 '삶에 대한 동기나 행복이 뚜렷하게 저하됨'이라는 문장이 된다. 환자를 보며 느꼈던 결여감의 실체는 이것이었다.

내게 우울증은 삶을 이어갈 이유를 잊는 병이다.

왜 굳이 삶을 이어가야 합니까

삶은 때로 행복하고 때로 인내하는 것이다. 삶을 인내하는 이유를 동기라 한다. 삶의 동기는 주로 인내 이후의 행복이다. 하지만 종종 인내 끝에 행복이 아닌 절망이 찾아온다. 사랑하는 이가 나의 곁을 떠날 수도, 숙원한 사업이 무너질 수도, 젊음을 바쳐 준비한 시험에 실패할 수도 있다. 삶은 자주 우리를 배신한다. 그런데 그만큼 예기치 않은 기쁨을 가져다주는 것도 삶이다. 하지만 배신에 절망하기를 반복하다 보면 삶에 대한 희망을 놓게 된다. 삶은 때로 행복하며 살아갈 만한 가치가 있다는 그 자체를 망각한다. 삶에 대한 의지가 결여되는 것이다.

우울증으로 괴로운 이에게 기분을 개선하는 약을 처방하는 것, 직장 내 관계가 어려운 이에게 대인 관계 치료를 시행

마음의 붕대. 부러지고 꺾인 마음이 버거울 때

하는 것, 세상에 대한 부정적인 관념을 가진 이에게 인지행동치료를 시행하는 것 등의 접근으로 환자를 대했을 때 벽에 부딪힌 이유가 이것이었다. 찾아온 이들이 기본적으로 '지금 상황을 개선하고 싶다, 더 행복해지고 싶다'고 요구하는 것이라 암묵적으로 짐작했던 것이다.

'환자는 병을 치료하기 위해 병원을 찾는다. 병의 증상은 일상을 망가뜨리고 행복 추구를 방해하므로 환자는 의사가 병을 앓기 이전의 상태 혹은 병으로 인한 피해를 최소화한 상태로 자신을 되돌려주길 바란다. 그리하여 망가진 삶을 되찾고 원하는 행복을 다시 추구할 수 있도록.'

나는 나도 모르게 마음이 힘든 이들에게 이 같은 도식을 적용하고 있었다. 즉 그들의 삶, 그들이 원하는 행복을 추구하는 데 우울함이 방해가 되므로 이 증상을 잘 매만져 교정해주기만 하면 다시금 그들이 활력 가득한 생활을 시작할 것이라 생각했다. 이러한 전제는 항상 틀리진 않았지만, 항상 옳지도 않았다.

오래도록 우울에 시달린 많은 이가 삶 자체에 근원적인 의문을 품고 있었다. '선생님, 저는 왜 그렇게 아등바등 버티며 살았을까요, 그건 무엇을 위한 것이었을까요, 삶이란 무엇일까요, 이렇게 힘든 삶을 굳이 이어가야 할 이유가 무엇일까요.'

어떤 짐작이나 전제 없이 백지 상태로 그들에게 귀를 기울이니 '지쳐서 삶의 동기를 잃었어요. 행복이 어떤 것인지 모르겠어요' 라는 말이 들려왔다. 그들이 내게 묻는 것은 '어떻게 해야 행복한 삶을 살 수 있을까'가 아니라 '왜 굳이 이 삶을 이어가야 하는가'였다.

우울한 사람에게 해줘야 할 것

처음부터 삶의 의미가 존재하지 않았던 사람은 드물다. 다만 반복되는 절망감에 지쳐 더 이상의 좌절을 피하고자 삶의 의미를 포기하거나 잊게 되었을 뿐이다. 우리의 기분은 곧잘 우리의 마음을 물들인다. 짙은 우울에 물든 마음은 어떠한 기쁨이나 감동에도 무덤덤하다. 먹구름이 하늘을 뒤덮은 상태라도 해는 그 위에서 여전히 빛나지만, 비바람 속에서 이를 상상하기란 쉽지 않다. 그 기간이 지나치게 길다 보면 애초에 해가 있었다는 사실마저 망각할 수도 있다.

그래서 시간이 필요하다. 지금 비바람이 몰아치고 있는데, 마음이 이렇게 어둡고 추운데 실은 삶은 그런 게 아니라고 주위에서 아무리 떠들어도 그 말이 와닿을 리 없다. 공허한 말 대신 그에게 필요한 것은 살며시 우산을 받쳐주는 일이다. 쏟아

마음의 붕대. 부러지고 꺾인 마음이 버거울 때

지는 빗줄기에 홀로 떨고 있을 때 곁에 잠자코 있어주는 것이다.

　　말없이 그저 들어주는 누군가의 곁에서 울고 싶은 만큼 실컷 울다 보면, 갑갑한 마음을 하염없이 쏟아내다 보면, 마치 구름이 걷히고 다시 해가 들듯 잃었던 삶의 의미가 다시 떠오를 수도 있다. 꼭 그렇지 않더라도 삶의 의미가 '있었다는 느낌' 정도는 떠오를 수 있다. 나아가서는 반복된 좌절이 삶의 배신이 아닌 '과정'이었을 수 있다고 비로소 깨닫기도 한다(고 환자들이 종종 이야기했다).

　　이후로는 환자가 찾아오면 우선 그들의 이야기를 마냥 들었다. 듣다가 궁금한 부분이 생기면 조금 더 자세히 얘기해달라는 질문만 던지고 다시금 들었다. 그리고 그들의 지친 마음에 공허한 이야기를 굳이 던지기보다 힘들어하는 마음 그 자체를 '그럴 만하다'고 인정하고 받아들였다. 필요하다면 약물치료를 더하되 서두르지 않고 찬찬히 회복할 시간을 가졌다. 기다렸다. 왜 우울해졌는지, 그렇다면 어떻게 이를 극복할 것인지를 함께 고민하는 것은 그 다음이기 때문이다.

　　의사가 아닌 친구로서, 연인으로서, 가족으로서의 내 모습도 되돌아보았다. '그 일은 이러저러한 일인 것 같다', '이렇게 하는 것이 도움이 될 것 같다', '그런 생각은 너한테 도움이 안될 것 같다'고 무심코 자주 던진 말들이 허망했다. 듣는 것으로 충분했을 것이다. 그 사람에게는 내 '판단'이 아니라 '공감'이 필요했을 것이다. '그 정도면 진짜 힘들었겠다', '무슨 일이 있어도 나는 네 편이야'라는 든든한 공감.

"우울한 이에게 어떤 이야기를 해주면 좋을까요?"

"그냥 들어 주세요. 그 사람과 상황을 판단하지 마세요. 그리고 곁에 있어주세요."

상투적인 결론이지만 꽤 효과가 있을 것이다.

◠◠ 우울은 여러 가지 생리적·심리적 원인에서 비롯된다. 또한 우울 증상은 불안 증상이나 심한 정신적 지체, 인지기능 저하를 동반하기도 하고 우울과 반대인 조증 증상이 뒤섞여 함께 나타나거나 계절에 따라 정도가 변하는 등 헤아릴 수 없을 만큼 다양한 양상을 보인다. 치료 방법 역시 그러한 증상을 유발한 신경전달물질(세로토닌, 도파민, 노르에피네프린, 멜라토닌 등 뇌를 비롯한 몸속 신경세포에서 방출되어 정보를 전달하는 물질)의 불균형을 바로잡는 약물치료를 비롯해 각종 비약물적 치료, 정신치료 기법, 심리사회적 치료 등 다양하다. 지식과 임상 경험을 바탕으로 도움이 될 만한 치료 방법을 제시하는 것이 정신건강의학과 전문의의 역할이다. 우울증은 의지로 버티고 이겨낼 대상이 아니다. 감기가 걸렸을 때 내과를 찾는 것처럼 절망에 빠져나오기 힘들다면 정신과를 찾기를 권한다.

마음의 붕대. 부러지고 꺾인 마음이 버거울 때

스스로가 싫다, 세상이 가혹하다, 미래가 두렵다

우울증의 인지 왜곡

눈을 뜨면 한숨이 나온다. 하루의 시작이 무겁다. 씻어야 하는데 이불 밖을 나서기조차 싫다. 출근할 생각을 하면 가슴이 답답하고 한숨이 나온다. 언제부터 이렇게 표정이 어두웠는지, 세수를 하다 문득 바라본 거울 속 얼굴이 퍽 늙었다. 지하철에서도 일 걱정, 사람 걱정이 꼬리에 꼬리를 문다. 잘하고 있는 걸까. 며칠 전 상사에게 받은 질책을 생각하면 일이 손에 잡히지 않는다. 또 다시 실수하면 어쩌지. 그러고 보니 동료들의 시선도 신경 쓰인다. 앞에선 웃는데 뒤로는 욕을 할 것만 같다. 이런 저런 생각에 머리만 아프다. 문득 생각이 든다. 이 회사, 계속 다닐 수 있을까. 나중엔 뭘 먹고 살까. 나는 괜찮을까.

마음의 붕대, 부러지고 꺾인 마음이 버거울 때

갑자기 자기 자신이 무능하게 느껴질 때가 있다. 세상이 유독 나한테만 가혹한 것 같다. 나름 열심히 살았지만 막연히 미래가 두렵다. 바쁘게 살다보니 의식하지 못했는데, 어느새 자기 자신, 자신이 속한 세상, 미래에 대해 생각하는 온도가 싸늘해져 있음을 발견한다. 이것저것 떠나서 그냥 마음이 지치고 불편하다. 한숨이 늘고 어깨가 처진다.

우리는 모두 같은 세상에 살고 있지만 세상을 인식하고 삶을 바라보는 시선은 제각각이다. 마음에는 창문이 있다. 유리색이 붉다면 세상은 붉은 빛으로 보일 것이고, 푸르다면 푸르게 보일 것이다. 자기 나름의 상으로 마음속에 세상을 그리는 것을 '인지', 세상을 받아들이는 틀의 형태를 '인지구조'라 한다.

나를 뒤흔드는 세 가지 인지 왜곡

인지와 인지구조는 고정되지 않고 유동적이다. 쉬운 예로 어릴 적 바라보던 세상의 질감은 지금 느끼는 것과는 많이 다를 것이다. 살아가며 경험하고 느끼고 생각한 것이 얽혀 인지의 틀을 만든다. 또 그렇게 만들어진 인지구조는 다시 경험하고 느끼고 생각하는 것에 영향을 준다. 감동적인 일, 기쁜 경험만으로 삶을 채운다면 세상을 바라보는 시선 역시 아름답기 그지없을 것이다. 하지만 그럴 수만은 없는 것이 삶이기에 가슴 아픈 일을 겪으며 삶을 보는 시각이 슬픈 빛으로 채색되기도 한다.

꽤나 성공한 사업가가 급작스런 사업체의 부도 이후 심한 우울증을 앓다 병원을 찾았다. 믿었던 직원이 배신한 모양이었다. '이제는 누구도 믿을 수 없을 것 같아요. 제가 이렇게 무능한 사람인 줄 그동안 왜 몰랐을까요. 앞날이 깜깜하기만 해요.' 불과 한 달 전까지만 해도 성공적인 커리어와 부, 명예를 이어오던 그였다. 비록 가슴 아픈 일을 경험했지만 그렇다고 그가 살아온 세상, 그의 삶이 통째로 달라진 것은 아니었다. 그럼에도 그는 이전, 불과 몇 개월 전과는 달리 스스로가 끝없이 무능하고, 세상에 믿을 사람은 하나도 없으며, 미래는 암담할 것이라 믿고 있었다.

힘든 일이 반복되어 인지구조가 부정적인 방향으로 뒤틀린 것을 '인지 왜곡cognitive distortion'이라 한다. 우울증 환자의 인지를 들여다보면, 앞서 사업가의 경우처럼 세 가지 방향의 왜곡이 종종 관찰된다. 즉, 자기 자신, 세상, 미래를 부정적으로 바라보는 것이다.

조금 더 풀어보자. 반복된 실패에 자신의 능력, 소질에 대한 믿음이 사라진다. 사람들을 대하는 것이 두렵고 자신이 없

마음의 붕대, 부러지고 꺾인 마음이 버거울 때

어진다. 결과를 내지 못하면 도태될 것 같다. 직장은 호시탐탐 서로의 자리를 노리는 제로섬게임 같다. 인간관계도 목적을 위한 것만 같다. 자격, 취업, 소득…… 사회의 요구치는 만족시키기엔 높아만 보인다. 때로는 한 사람으로서 존중받는 것조차 요원해 보인다. 기쁨은 점점 사라진다. 평범했던 하루는 쫓아가고 버텨내는 것이 된다. 미래가 기대되기보다는 두려워지고 차라리 내일이 오지 않았으면 한다.

정도가 심한 인지 왜곡은 극복하기가 쉽지 않다. 대인관계나 업무에서 힘든 일을 겪고 나면 그것이 인지 왜곡을 강화해 악순환이 반복되기 때문이다. 예컨대 직장 상사에게 '이번 일은 좀 미흡한데 다음에는 잘 해보자'라는 말을 들었다고 하자. 지금 내 마음이 편안하다면 '이번 일은 조금 부족했구나. 다음에는 잘해보자'라는 생각이 들겠지만 이미 스스로의 능력에 의문을 품고 있으며 자신감이 저하된 상태라면 '역시 난 안되는구나. 이 일은 나와는 맞지 않아, 떠나고 싶다'라는 생각이 들 수 있다. '어떤 생각이 옳고 그른지'보다 중요한 것은 내 마음에 '어떤 경향의 생각이 쉽게 떠오르는지'이다. 만약 불편한 방향의 생각이 더 쉽게 떠오른다면 이로 인해 부정적인 감정을 느끼게 되고 이는 다시금 내 생각을 더욱 부정적으로 만든다.

"억지로 나쁘게 생각하지도 마세요"

사랑은 어떨까. 연인에게 연락이 뜸할 때 자기 자신 그리고 관계에 대한 믿음이 단단하다면 '상대방이 바쁜 일이 있나 보다. 뭔가 사정이 있겠지'라는 생각이 들 것이다. 그러나 스스로가 사랑받을 만한 자격이 없다는 생각에 빠져 있다면 혹은 상대방에 대한 믿음이 약해진 상태라면 '혹시 나에 대한 마음이 식은 건 아닐까. 다른 사람에게 마음을 주고 있는 것은 아닐까' 하며 비관적인 생각이 들기 쉬울 것이다. 이러한 생각과 그로 인한 불편한 감정 때문에 연인과 (비관적이고) 절망적인 대화를 반복하게 된다면 관계는 지속되기 어려울 것이다. 그리고 만약 그러한 오해가 깊어져 혹은 이어지는 다툼에 지쳐 이별하게 된다면 '역시 세상에 믿을 사람은 없어, 사랑은 허무한 거야' 같은 생각들로 인해 부정적으로 생각하는 경향이 더욱 강화될 수도 있다.

부정적인 인지에 사로잡힌 마음은 간혹 찾아드는 멋진 일도 (스스로의 부정적인 인식관에 반하기에) 단순한 우연의 결과로 치부한다. '나는 무능력한 사람인데 이번에는 운이 좋았기 때문이야' 하는 식이다. 주위에서 건네는 따뜻한 말도 왜곡된 인지구조를 거치면 마냥 달갑지 않다. '이번엔 잘 안됐지만 힘내서 다

마음의 붕대, 부러지고 꺾인 마음이 버거울 때

음엔 잘해보자'라는 격려도 인지 왜곡을 거치면 '그래서 지금의 나는 별로라는 말이구나, 나름 노력했는데 여기서 어떻게 더 열심히 하란 말이야'라는 말로 변질되어 들려온다.

내가 인지 왜곡으로 고생하는 이와 상담할 때 항상 조심스럽게 그러나 단호하게 강조하는 말이 있다. 왜곡된 인지를 바로잡는 것은 '억지로 긍정적으로 생각하기'와는 다르다는 것을. 아무리 긍정적으로 생각하려 해도 그럴 수 없는 일이 분명 있다. 좌절이 아예 없다면야 가장 좋겠지만 삶은 동화가 아니다. 절망해 쓰러져 있는 이에게 '당신이 힘든 이유는 부정적인 시각으로 세상을 보고 있기 때문입니다', '왜곡된 시각을 고치시면 됩니다'라고 해봐야 마음에 와닿을 리 없다. 그래서 이야기하곤 했다. "억지로 좋게 생각하려 하지 마세요. 대신 억지로 나쁘게 생각하려고도 하진 마세요."

삶은 희극도 비극도 아니다. 삶은 그저 삶이다. 때로 기쁘고, 때로 슬프고, 때로 절망하고, 때로 행복하다. 그리고 특별한 감흥이 없는 일상들이 그 사이사이를 채운다. 어쩔 수 없이 발생하는 좌절과 절망으로 인해 가치중립적인 삶의 다른 조각들조차 어두운 빛깔로 덮여 버리는 것은 안타까운 일이다. 감당할 수 없는 슬픔에 지친 그날도 구름은 아름다웠고, 노을은 아련했고, 반가운 누군가는 나를 떠올렸을 것이다. 다만 마음이 무너지면 그런 작은 고마움들을 오롯이 느끼지 못하고 지나쳐 버리기 쉽다. 마치 슬픔만 더 잘 보이는 렌즈를 끼고 세상을 바라보는 것처럼, 아픔과 그 아픔을 상기시킬 만한 일들만 또렷이 잘 보인다.

마치 어느 날 갑자기, 원래 그랬던 것처럼 자기 자신이 못나 보이고 세상이 두려우며 미래가 보이지 않을 때가 있다. 하지만 찬찬히 돌이켜 보면(아주 어린 시절도 좋다) 따뜻한 마음과 희망, 열정이 있던 자신의 모습이 떠오를 것이다. '마음에 세상을 보는 틀이 있구나', '힘들다 보면 그 틀이 슬프게 뒤틀릴 수도 있겠구나', '삶이 꼭 아름다운 것만은 아니지만 굳이 어둡게 바라봤을 수도 있겠구나'라고 한 번만 떠올려보자. 어쩌면 삶의 본질일지도 모르는 작지만 소중한 일상들이 발견되지 않은 채 흘러가고 있을 수 있다. 마음속에 세상을 바라보고 때로는 왜곡하는 틀이 있음을 아는 것, 그 자체로 큰 의미가 있다.

마음의 붕대, 부러지고 꺾인 마음이 버거울 때

○○   모든 것에 앞서 그렇게 힘들었음에도 지금까지 묵묵히, 이를 악물기도 하며 버텨온 자신을 안아주기를. 다시 일어설 수 없을 것 같은 절망을 기특하게도 견디고 일어선 자신을 충분히 보듬어주기를.

굳이 더
부정적으로 보지 않도록

자동적 사고를 바로잡는 법

어떻게 세상을 바라보는 것이 옳을까. 정답은 없다. 정답은 그 사람만의 정답일 뿐이다. 하지만 오답은 있다. 처한 환경, 당면한 일, 타인의 의도 등을 굳이 부정적으로 곡해하는 것은 틀린 답이다. 이를 과감히 '오답'이라 단정하는 것은 1)이러한 시각이 사실과 벗어나 있는데 2)심지어 스스로가 원하는 생각의 방향이 아니기 때문이다. '저 사람은 나를 싫어하는 구나', '이건 시도해봤자 어차피 잘 안될 거야', '이번에도 왠지 시험에 떨어질 것 같아.' 정말 그럴까?

인지 왜곡을 바로잡는 것은 앞에서도 강조했듯 억지로 긍정적인 시각을 주입하는 것이 아니다. 왜곡된 인지구조가 '실

마음의 붕대. 부러지고 꺾인 마음이 버거울 때

제보다 더' 삶을 부정적인 것으로 몰아갈 수 있기에 '굳이 더 부정적으로 보지 않도록' 한 번 더 숙고하는 것이다.

'오늘 유독 개의 안색이 좋지 않다. 요즘 나를 볼 때마다 그랬다. 아침에 일부러 신경 써서 반갑게 인사했는데 본척만척하고 지나갔다. 불쾌하기도 하고 미움을 산 건 아닌지 걱정된다. 최근에 조금 이야기가 잘 안 통하는 느낌이었지만 그동안 사이는 꽤 좋았다. 아니, 나만 그렇게 생각했던 건가? 앞에서는 반갑게 웃고 지냈지만 뒤로는 나를 싫어했던 걸까? 서로 좋은 사이라고 생각했던 건 혼자만의 착각이었구나 싶어 오전 내내 마음이 무거웠다. 그런데 오후에 동기에게 그 친구가 오래 만나왔던 연인과 헤어졌다는 이야기를 들었다.'

흔한 경험의 예다. 사람은 보고 싶은 대로 본다. 첨언하면, 사람은 보고 싶은 대로 보며 볼 수 있는 만큼만 본다. 즉 지금까지의 경험이 만들어낸 '인지 구조'를 바탕으로 인식하고 생각한다. 인지 구조가 사고의 흐름을 좌우한다. 심지어 의식하기 힘들 정도로 짧은 시간에.

자동적 사고가 위험할 때

위의 예를 복기해보자. 인사를 건넸는데 친구가 제대로 대꾸도 않고 지나쳐버렸다. 이는 사건이다. 불쾌함, 불안, 걱정 등은 감정이다. 그 감정이 최근의 관계 양상, 말이 잘 통하지 않았던 때 같은 여러 생각도 이어진다. 생각에 주목해보자. '나만 친한 사이라 생각했던 건가? 사실은 나를 싫어했나?' 의문형으로 떠오르지만 은연중에 '사실로 인식'하는 생각들이다. 이렇게 의식할 수 있는 정도면 차라리 다행이다. 더 많은 생각이 의식에서 감지되지 않은 채 더 깊은 마음의 수준에서 저절로 '옳다고 간주'되어 처리된다. '그 친구가 나를 싫어하나? → 걔가 나를 싫어하는구나.' 거의 자동적이다.

조금 더 자세히 풀어보자. 기쁨, 우울, 슬픔, 불안, 초조함, 불쾌함, 두려움 등 주관적으로 또 직관적으로 전해지는 느낌이 감정이며, 의식 혹은 무의식에서 텍스트, 문장으로 정리된 일련의 명제들은 생각이다. 우리는 흔히 감정이란 우리가 파악할 수 있는 혹은 알지 못하는 어떤 이유에서 파생되어 저절로 느껴지는 것이며, 생각은 감정과 별개로 사실을 객관적으로 정리하는 내용이라 간주한다. 그러나 감정과 생각은 서로 밀접하게 상호작용한다.

우리는 보통 우리 마음이 어느 정도는 감정적이지만, 생각할 때만큼은 이성의 판단을 따른다고 믿는다. 과연 그럴까? 예를 들어 살펴보자. 내가 좋아하는 누군가가 나를 진심으로 걱정하며 충고할 때, 어떤 감정을 느낄까. 살짝 불편한 감정이 들기는 하지만 좋아하는 사람이 나를 생각해준다는 데서 오는 고마움, 만족감 등을 느낄 것이다. 생각은 어떤가. 나를 아껴주는 사람이 해주는 말이니 조금 더 귀를 기울이고 일리가 있다고 생각할 것이며 개선할 점을 진지하게 따져볼 것이다. 분명한 건 생각이나 감정이 긍정적인 방향으로 흐른다는 점이다.

반면 완전히 똑같은 텍스트의 충고를 눈엣가시 같은 누군가가 했다면 어떨. 불쾌감이 들고 기분이 상할 가능성이 크다. '네가 뭔데 나를 평가해. 나를 얼마나 안다고 그런 이야기를 해'라는 생각이 들 수도 있다. 이러한 생각들은 다시 부정적인 감정을 강화시킬지도 모른다. 상황이나 대화의 내용이 다르지 않은데도 나의 생각과 감정이 완전히 달라지는 것이다.

더군다나 간과할 수 없는 것은 애초에 왜 누군가는 그토록 좋고 누군가는 싫은가의 문제이다. 내가 왜 어떤 이를 좋아하는지, 또 다른 이는 그토록 미워하는지, 호불호의 역사를 찬찬히 되짚어보자. 그동안의 관계에서 쌓아왔던 감정, 생각이 그에 대한 일련의 생각과 감정이 굳어진다. '이 사람은 이런 느낌이야. 저 사람은 저런 사람이야.' 그렇게 한번 굳어진 사람에 대한 인상은 쉽사리 잘 바뀌지 않는다. 과거에 형성된 사고의 틀이 이후의 생각과 감정에 커다란 영향을 미친다.

　　나아가 첫인상, 외모, 목소리, 말투, 나이, 출신지역 같은 극히 일부 특징만으로 그 사람의 인상이 결정되기도 한다. 나도 모르는 사이 내 마음속에서 일어나는 그러한 경향성은 지금까지 우리가 보고 배우고 느낀, 축적된 삶의 경험을 바탕으로 한다. 우리는 현재를 있는 그대로 보고 지금 눈앞의 것들을 확인하며 그때그때의 감정을 느끼고 생각한다고 간주하지만, 지금 느끼는 감정과 생각의 상당수는 과거에 누적된 경험을 바탕으로 자동적으로 형성된다. 이렇듯 자동적으로 평가, 처리되는 생각들을 '자동적 사고'라 한다.

자동적 사고에서 벗어나는 법

　　자동적 사고는 의식화와 검증을 피해가는 경우가 많기에 위험하다. 보통 우리는 익숙하지 않은 일, 예컨대 차를 구입하거나 보험을 가입할 때는 꼼꼼하게 요모조모 따져보고 결정한다. 반면 일상적인 생각이나 활동은 잘 검토하지 않는다. 연인을 대하고, 친구를 사귀고, 가족과 대화하는 등 평범한 (그렇지만 중요한) 일들에 대해서는 미리 가지고 있는 익숙한 생각의 패턴에 따라 급히 결론을 내버린다.

　　잘 모르는 사람을 처음 만났을 때는 무슨 일을 하는지, 어떤 가치관을 가지고 있는지, 어떤 성격인지 등 그가 어떤 사람인지 파악하기 위해 노력을 기울이지만 오래도록 알고 있는 사람에 대해서는 그러한 노력을 하지 않는다. 이미 형성된 그에 대한 이미지, 관념으로 그의 말과 행동을 자동적으로 판단하기 때문이다. 이와 비슷한 예로 처음으로 시작하는 낯선 업무를 할 때와 몇 달 혹은 몇 년을 반복해 익숙해진 일을 할 때를 비교해보자. 새로운 일을 할 때는 인계를 받기도 하고 그 일을 어떻게 할지 정보를 모으며 천천히, 과정 하나하나를 주의하며 진행한다. 반면 익숙한 일의 경우 그 과정이 어떻게 흘러가는지도 모르게, 과장하면 내가 일을 하고 있다는 의식조차 하지 못한 채 능숙하게 처리한다. 반복 숙달을 통해 머릿속과 마음속에 익숙한 패턴이 이미 자리 잡았기 때문이다.

　　자동적 사고가 이루어지는 원리 역시 마찬가지이다. 우리는 사람을 판단하고, 상황을 경험하고, 감정을 느끼거나 그 다음 행동을 결정할 때 대부분 새롭게 숙고하는 대신 이전의 익숙한 패턴에 의지한다. 특히 생각은 감정과 상호작용하기 때문에 속상한 감정이 들수록 생각도 부정적으로 처리할 가능성이 높아진다. 조금만 사고를 지연해서 곰곰이 복기하면 다르게 생각해볼 여지가 있는 일들을 부정적으로 판단할 소지가 많다.

'자동적 사고'에서 벗어나기 위해 앞서 등장한 친구의 예를 다시 꼼꼼히 살펴보자. 친구는 나를 싫어하는 것일까? 그럴 수도 있고 아닐 수도 있지만 '실연'이라는 새로운 상황이 등장하자 '아닐 가능성'으로 더 기운다. 실연 때문에 요 근래 제 마음이 아니었겠지. 하지만 그 사실을 알기 전, 아침에 인사를 잘 받아주지 않은 시점에서의 판단은 어떨까? 그가 나를 싫어한다고 생각할 만한 이유들, 예를 들어 최근에 다퉜다든지, 내가 그에게 실수한 적이 있다든지 하는 이유들이 몇 있다. 하지만 '그동안 같이 어울리며 즐거웠다, 함께 보낸 시간이 꽤 된다, 속 깊은 이야기를 나눈 적도 몇 번 있다' 등 싫어하지 않는다고 생각할 이유들도 제법 있다. 급히 판단내리지 (사실 판단이란 언제 내렸는지도 모르게 마음속에 이미 결론지어져 자리 잡고 있는 경우가 많다) 않고 곰곰이 생각했다면 아마 고민이 되었을 것이다. 그가 나를 싫어하는지, 싫어하지 않는지.

됐다. 여기까지 왔다면 다 한 거다.

마음의 붕대, 부러지고 꺾인 마음이 버거울 때

달라진 게 아무것도 없는데 뭘 다 했다는 걸까. 자동적 사고, 풀어 쓰면 '마음속에 무심코 사실로 믿고 넘어가 버리는 여러 가지 생각'의 존재를 느낀 것으로 충분하다. 아, 살아가다 보니 나도 모르게 결론짓고 넘어가 버리는 것들도 있구나, 무심코 함부로 판단했을 수 있겠다, 하고 말이다.

당신의 생각은 100퍼센트 진실일까

100퍼센트의 사실을 대할 때보다 조금이라도, 단 0.01퍼센트라도 아닐 가능성이 있는 일을 생각할 때 감정의 농도는 훨씬 옅어진다. 분노든 불안이든 슬픔이든 도저히 참을 수 없을 정도의 진한 감정이, 지금 내 생각에 반하는 다른 가능성들을 떠올리다 보면 아주 약간이라도 흩어질 수 있다. 자동적으로 떠오르는 생각을 그대로 받아들이기 전에 천천히 되짚어봄으로써 내 생각이 맞지 않을 가능성이 있음을 알아차리면, 지금 나를 힘들게 하는 이 감정도 완전히 합당하지는 않을 수 있으며 이렇게까지 힘들어하거나 슬퍼할 이유가 없을 수 있다는 깨달음이 찾아와 마음이 한결 편안해진다.

보통 우리는 우리의 생각을 확신할 만한 이유를 찾는 데 익숙하여 반대의 이유를 살펴보는 일을 등한시한다. 그 생각이 강렬한 감정(사랑, 분노, 불안, 좌절 등)과 결부되어 있다면 더욱 그렇다. 마음이 어지러울수록 침착해야 한다. 호흡의 속도를 늦추고 감정의 불길을 가라앉히고 찬찬히 돌아보는 것이다. 물론 굉장히 어려운 일이다. 감정이 계속 활활 타오를 때 딱 하나 이 질문을 떠올려보기를 권한다. '진짜 그런 걸까?' 억지로 좋은 쪽으로 볼 이유는 없다. '이 생각이 전부 맞는 걸까?'라는 질문을 머릿속에 떠올리는 순간 1퍼센트라도 아닐 가능성이 생긴다. 일단은 그것으로 충분하다.

그렇다면 왜 이런 왜곡된 시각이 만들어지는 것일까. 부정적인 인지구조를 형성하는 데 영향을 미치는 좀 더 본질적인 마음이 있다. 여러 자동적 사고를 파생시키는 마음의 근원을 스키마schema라 한다. '나는 사랑 받을 자격이 없다', '나는 무능하다' 세상을 바라보는 시각을 일그러뜨리는 스키마의 가장 흔한 형태다.

우리는 스스로가 사랑받을 자격이 없는 이유, 무능한 이유는 귀신같이 찾아내고 납득하지만 그 반대의 이유는 찾으려 노력하지도, 잘 믿지도 못한다.

살다 보면 사랑받지 못하는 일, 미움받는 일, 무능으로 인한 실패는 당연히 일어난다. 그러나 그러한 과거를 근거로 자

마음의 붕대, 부러지고 꺾인 마음이 버거울 때

신을 굳이 '그런 사람'으로 생각할 이유가 있을까. 소위 사랑받는 사람, 유능한 사람도 자주 미움받거나 실패한다. 스스로를 어떤 사람으로 간주할지는 맞고 틀림의 문제가 아닌 선택의 문제다. 삶의 여러 경험과 상관없이 '나는 가치 있는 사람, 해낼 사람'으로 믿어도 된다. 누구나 이를 비웃고 부정할 수는 있지만 누구도 이를 막을 수는 없다. 과연 이제까지 성공한 순간이 하나도 없기 때문에(물론 이에 대해서도 고민이 필요하다. 정말 스스로를 긍정할 만한 상황이나 경험이 단 하나도 없었을까?) 그렇게 생각하면 안 되는 것일까?

실패는 실패 그 하나만을 증명할 뿐 나를 규정하지 못한다. 생각은 스스로를 규정한다. 실패했지만 '아직 해내지 못했을 뿐이다'라고 생각한다면 다가올 기쁨을 기다리는 것이 된다. 실연했더라도 '안타깝게 이번은 인연이 아니었지만 내가 사랑받을 자격이 없기 때문은 아니다'라고 생각한다면 다가올 진정한 연인을 기다리는 것이 된다.

부정적인 생각이 떠오를 때 혹시 그것이 왜곡된 마음의 틀을 거쳤기 때문은 아닌지 돌이켜보자. 강렬한 감정이 덮쳐온다면 그에 매몰되기 전에 혹시 스쳐간 왜곡된 생각은 없었는지 짚어보자. 억지로 좋게 보려 하는 대신 그만큼 마음이 고생했구나, 힘든 일이 많았구나, 스스로의 지친 마음과 속상한 감정을 먼저 위로해주자. 그리고 찬찬히 따져보자. 정말로 그렇게 생각하고 결론지을 만한 일인지를. 물론 세상은 자주 나를 괴롭힌다. 하지만 나 자신은 스스로를 괴롭히지 않고 보듬어주는 것이 어떨까.

○○ 　다음은 흔히 관찰되는 자동적 사고의 예다.

① **과잉 일반화**overgeneralization 　일부의 경우에 들어맞으면 아주 조금만 비슷해도 들어맞는다고 생각한다.

　　예__ 저 행동을 보니, 저 사람은 아주 몹쓸 사람이야. 다른 건 안 봐도 뻔해.

② **자기 참조**self-reference 　다른 사람이 모두 나에게 집중하며 나는 불행의 원인이다.

　　예__ 내가 한 실수 때문에 우리 팀이 졌어. 다들 나를 속으로 욕하고 있을 거야.

③ **재앙화**catastrophizing 　최악의 상황을 가정하며 그 상황이 일어날 가능성이 매우 높다고 생각한다.

　　예__ 이번에도 시험에 떨어지면 내 인생은 끝장인데, 왠지 이번에도 떨어질 것 같아. 분명히.

④ **이분법적 사고**dichotomous thinking 　모든 일을 한쪽 극단으로 믿는다(선과 악, 흑백 논리, 진영 논리).

　　예__ 이 일은 당연히 이렇게 생각하는 게 맞는데, 저렇게 생각하다니 정말 부도덕한 사람이야. 상종을 말아야지.

⑤ **인과성의 영속성 가정**assuming temporal causality 　예전에 진실이었던 것은 언제나 진실이다(충분한 근거 없는 예측).

　　예__ 이 일은 작년에 이런 식으로 진행됐어. 이번에도 똑같을 거야. 똑같이만 하면 되겠지.

⑥ **선택적 추출**selective abstraction 　실패나 좌절한 것만을 선택적으로 중요하게 간주하여 생각한다.

　　예__ (평소에 꽤나 유능한 사람이) 이번 일도 실패하다니, 전에도 이렇게 실패한 적이 있었지. 나는 정말 무능한 사람이야.

삶이
전부 잘못된 것 같을 때

고통은 그대로 두고 오늘의 삶에 몰두하기

마음이 울음을 멈추지 않을 때가 있다. 마치 어린아이를 달랠 때처럼 사탕을 쥐어주듯 여행을 떠나거나 영화를 보기도 하고, 왜 우냐며 마음을 캐묻거나 이젠 그만 울라며 윽박질러 보기도 하지만 아이 같은 마음의 울음은 더욱 커진다. 멈추지 않는 슬픔이 커지는 이유는 무엇일까. 그리고 우리는 도대체 어떻게 슬픔을 마주해야 할까.

기쁨과 슬픔은 생명의 번영을 위한 신호였을 것이다. 행복은 생존 혹은 번식에 필요한 요건이 충족되었을 때 일시적으로 주어지는 보상이며, 반대로 슬픔, 불안, 분노 등의 부정적인 감정은 이러한 요건이 결핍되거나 박탈되었을 때 울리는 경

마음의 붕대, 부러지고 꺾인 마음이 버거울 때

보다.

행복은 안주, 안식과 연결된다. 등이 따뜻하고 배가 부른 인간은 배고픔, 두려움, 추위가 다시금 엄습할 때까지는 단잠에 빠졌을 것이다. 반대로 슬픔, 초조는 변화로 이어진다. '이대로는 안될 것 같다, 무언가 잘못되었다, 이대로 가다간 죽음을 맞이하거나 나의 유전자를 남기지 못할 것이다'라는 공포에 사로잡힌 개체는 위험을 무릅쓰고 사냥을 나선다. 충분한 안식, 행복이 찾아올 때까지.

모호한 행복, 선명한 불행

오직 행복만 주어진다면 개체는 어떻게 될까? 이는 매혹적인 저주다. 행복감이 끝없이 지속되는 개체는 살아남기 힘들었을 것이다. 한 끼 식사의 배부름이 며칠이고 지속된다면 우리는 굶어죽을 것이다. 안락한 보금자리의 만족감에 계속 휴식만 취한다면 포식자의 좋은 먹잇감으로 전락하기 십상이다. 행복은 개체에 유리한 행동을 촉진하도록 주어져야 하나 과하지 않아야 하고 너무 쉽게 주어지지 않아야 한다.

이에 비해 슬픔은 어떨까. 위험을 회피하는 것은 살아가는 데 필요한 자원을 획득하는 것만큼이나 생존에 중요하다.

부정적인 감정은 이 두 경우 모두에 매우 효과적으로 작동한다. 내일 혹은 몇 달 뒤 이내 굶어죽을 것이 두려운 이는 먹이를 찾거나 씨앗을 심는다. 누군가가 굴러떨어진 낭떠러지를 볼 때마다 그때의 충격과 공포를 떠올리는 개체는 그곳을 피해 안전해진다. 슬픔, 두려움은 세세할수록, 구체적일수록 효과적이다.

따라서 행복은 모호하고 일시적이도록, 슬픔은 자세하고 선명하며 오래 마음에 남도록 진화되어 왔다. 그렇다면 당신의 슬픔이 너무도 선명하고 불안이 지나치게 날카로우며 절망이 깊다는 것은 당신이 미숙하거나 잘못되었다는 의미는 아닐 것이다. 그저 당신이 지극히 인간적이라는, 계속 삶을 이어가기를 원한다는 증거일 뿐이다.

지속되는 행복이 앞서의 이유로 위험하다면 지속적인 슬픔은 어떨까. 비록 슬픔이 행복보다 더욱 마음에 남아 개체의 생존과 번식을 촉진하도록 발달해왔더라도 이 역시 극단적일 땐 문제를 야기한다. 부정적인 감정은 도핑과 같다. 단기간엔 개체의 분발을 이끌어내지만 장기적으로는 개체를 해하는 결과를 초래할 수 있다.

대표적인 부정적 감정인 우울과 불안을 생각해보자. 이를 처음 마주한 인간은 처음에는 오히려 이를 벗어나기 위해 노

마음의 붕대, 부러지고 꺾인 마음이 버거울 때

력한다. 수없이 고민해 이를 벗어날 만한 일에 매진하고 자기 발전을 도모하기도 한다. 하지만 과도한 우울과 불안은 오히려 사람을 멈춰 세운다. 지나치게 슬퍼서 혹은 초조해서 아무것도 하지 못하게 되기도 하고, 극단적인 선택을 통해 삶을 중단하도록 유도하기도 한다.

그래서 신체는 어떠한 행복도, 그리고 불행도 영원하게 느끼지 않도록 만들어졌다. 아무리 맛있는 음식의 쾌감도 첫 한 입이 지나면 점차 무뎌진다. 경제적으로는 한계효용체감의 법칙, 신경 생리적으로는 불응기로 표현된다. 아무리 큰 슬픔도 시간이 지날수록 점차 받아들여진다. 이는 그래야 한다는 당위가 아니라 우리의 몸과 마음이 작동하는 원리다.

그런데 유독 슬픔만은 그 원리에서 벗어난 듯한 때가 있다. 시간이 지날수록 선명해지고 더욱 아파지는 느낌, 도무지 헤어날 수 없을 것 같은 두려움이 엄습한다. 행복은 그리도 쉽게 또 허망하게 사그라지는데 왜 어떤 슬픔은 갈수록 더욱 날카롭게 또 절절히 느껴지는 걸까.

밀어낼수록 더 슬퍼지는 슬픔

지금 힘든 상태라면 받아들이기 어려울 수 있지만 슬픔

도 행복과 마찬가지로 그대로 두면 점차 줄어든다. 역설적으로 행복을 곁에 두려하고 슬픔을 밀어내려는 노력이 때로는 슬픔이 지속되는 원인으로 작용한다.

찰나의 쾌락, 순간의 행복을 영원히 손에 붙잡으려 하고 어쩔 수 없이 깃드는 슬픔, 절망을 어떻게든 밀어내려 하는 것. 이것은 본능이 아닌가? 맞다. 그리고 이는 당연히 잘못된 것도 아니다. 그렇기에 더욱 주의를 기울여야 한다. 잡을 수 없는 것을 잡으려 하는 것, 밀어낼 수 없는 것을 밀어내려 하는 것, 이 모두가 부정적인 감각을 '한 번 더' 유발하기 때문이다.

슬픔을 밀어내고픈 마음을 조금 더 깊이 들여다보자. 그 마음 아래에는 슬픔을 어떻게든 해결해야 할 문제, 지금 내가 잘못되었음을 의미하는 증거, 비정상적인 상태 등으로 간주하는 생각이 숨겨져 있다. 슬픔 자체가 잘못된 것은 아니라는 말은 이미 너무 흔하다. '힘들어도 괜찮아. 때로 아플 수밖에 없는 게 삶이야.' 하지만 스스로 돌아볼 필요가 있다. 살아가다 보면 당연히 슬플 수 있다는 명제를 나는 얼마나 진심으로 받아들이고 있는지. 슬픔을 그 자체를 문제로 간주하는 생각은 스스로가 직접 더하는 슬픔 위의 아픔이다.

또한 슬픔을 밀어내려는 마음은 교묘하게 스스로를 오

마음의 붕대. 부러지고 꺾인 마음이 버거울 때

히려 슬픔에 몰입하도록 인도한다. 힘든 마음이 어서 사라졌으면 좋겠다는 생각을 할 때, 고통과 연관된 일들, 감정들, 이로 인해 힘겨워하는 내 모습이 한 번 더 마음에 떠오른다. 슬픔을 피하려 이를 되새기는 일이 그에 관련된 생각들을 한 번 더 만들어내는 것이다. 부정적인 감정은 죽음을 피하기 위한 두려움의 흔적이다. 그렇기에 우리의 마음과 생각은 이에 대해 민감하도록 만들어졌다. 밀어내고픈 바람일지라도 슬픔을 떠올리다 보면 다시 한 번 세세해지고 선명해진다.

아파본 이는 안다. 역설적으로 고통을 그대로 두고 오늘의 삶에 몰두할 때 고통이 가장 덜하다는 것을. 가장 힘들고 슬플 때는, 가만히 앉아 그 고통에 대해 계속 떠올리고 되새길 때다. 그래서 우리는 아픔을 그냥 두어야 한다. 무기력하게 당한다거나 포기하는 것과는 다르다. 기다리는 것이다.

밀물이 들어오고 있다. 바다 곁에 선 그는 처음에는 당황한다. 적셔오는 차가운 감각이 불쾌하다. 밀려드는 파도를 팔로 막아도 보고 발로 걷어차 보기도 한다. 다가오지 말라며 소리를 지르고 젖어드는 두려움을 통제하고자 오히려 그 속으로 뛰어들어 보기도 한다.

그러거나 말거나 무심한 파도는 항상 그의 목 아래까지

를 적시다, 때가 되면 언제 그랬냐는 듯 사라진다. 그는 언제부터인가 조금씩 이해한다. 때가 되면 들어오고 나가는 파도구나. '죽일 듯이 달려드는'이라는 내가 만들어낸 두려움과는 무관하게 파도는 가슴과 목 사이, 그 언저리의 높이로 적셔들다 다시금 빠져나가고는 했다.

언제부턴가 그는 드는 물에 맞서기를 멈추었다. 파도는 여전히 찼지만 그와 상관없이 파도가 밀려들 때쯤 떠오르는 햇살이 아름다웠다. 철이 되면 날아드는 새들과 처음 인사를 하고 이따금씩 흐르는 눈물을 바닷물로 씻어냈다. 그가 포기했다거나 살아갈 의지를 잃은 것은 아니었다. 다만 그는 이해했을 뿐이다. 어쩔 수 없이 들고 나는 파도와는 상관없는 아름다운 것들이 많다는 사실을. 살아 있기에 밀물의 서늘함을 느낄 수 있고 그 때문에 햇살의 따뜻함도 의미가 있다는 것을.

상처에 걸맞은 시간이 필요하다

오랜 연애 끝에 이별한 적이 있다. 만난 기간이 꽤 길었다. 비록 어린 나이였지만 그 나이답게 치기어리고도 낭만적인 미래를 그렸고, 그에 근거해서 삶의 방향을 하나씩 선택해 나가던 참이었다. 한순간에 그간의 모든 선택이 무위로 돌아간 느낌,

마음의 붕대, 부러지고 꺾인 마음이 버거울 때

그래서 삶이 전부 잘못된 것 같은 느낌이 들었다. 아무런 의식 없이 보내던 일상에 이질감이 느껴졌고 어딘지 모르게 하루하루가 어색하고 낯설었다. 슬픔 이상으로 당혹감을 느꼈다. 아침에 눈을 뜨면, 무언가가 잘못되었다는 생각으로 하루를 시작했다.

그 느낌을 바꿔보고 싶었다. 그때부터 좋은 일, 옳은 일, 소위 '생산적인 일'에 몰두했다. 좀 더 정확히 말하자면 내 삶이 잘못되었다는 느낌을 바꾸기 위해 무언가를 해야만 할 것 같은 강박에 '남들이 보기에 그럴듯한 일'을 찾아 헤맸다. 운동을 하고, 관심도 효용도 없던 영어 공부를 시작했다. 불편한 마음이 찾아올라치면 애써 모른척하고 다른 일에 빠져들려 노력했다. 그러고도 감당하기 힘든 감정이 밀려올 땐 영화를 봤다. 본 영화를 보고 또 보며 머릿속을 낯선 감정들 대신 익숙한 대사들로 채우곤 했다.

집에 나 자신과 내 마음만 남은 어느 날 밤. 살며시 마음이 나를 두드렸다. 더 이상 외면할 수 없었다. 오랫동안 멀리하던 소주 한 병을 사와 홀로 따랐다. 마음은 특별히 말이 없었다. 하지만 어떤 말을 하려 했는지 짐작할 수 있었다. '힘들지 않느냐고. 나 지금 너무 힘들다고. 우리 이제는 좀 힘들어하면 어떻겠냐고. 그러면 다시 조금 괜찮아질 것 같다고.' 비로소 눈물이 났다. 소리 내어 울었다. 태어나서 처음 하는 경험, 가장 짙게 느끼는 슬픔이었다.

다음 날 무언가가 바로 달라진 건 아니었다. 이유 모를 부적절감 역시 하루아침에 마음을 떠나진 않았다. 그래도, 그냥 살았다. 시험공부를 놓진 않았지만 충동적으로 시작했던 영어 공부는 그만뒀다. 기분이 내킬 땐 친구들과 한잔했고 힘들다는 말도 숨기지 않았다. 그리고 아무도 없는 방 안에 홀로 있을 땐 그냥 슬퍼했다. 그러고도 또 슬프면, 다시 슬퍼했다. 그런 나날들이 쌓이며 하루에 하루만큼씩 괜찮아짐을 느꼈다.

나는 내가 무너질 수 있다는 사실, 슬퍼할 수 있다는 사실을 인정하고 싶지 않았다. 비록 이별했지만 나는 괜찮고 여전히 내 삶도 괜찮다는 확신을 얻고 싶었다. 그 마음 아래에는 실은 지금 내 삶이 완전히 망가진 건 아닌가 하는 걱정이 자리 잡고 있었다.

물론 지금은 안다. 내 삶은 괜찮았고, 잘못된 것은 아무것도 없었음을. 그러나 분명 그때의 나는 감당할 수 없을 정도로 슬펐다. 슬플 때는 슬퍼해야 기쁨이 찾아올 때도 마음 편히 기쁠 수 있다는 것을 그때 깨달았다. 다시 웃기 위해 시간이 많이 필요할 때도 있지만 그 역시 무언가 잘못되어서는 아니라는

마음의 붕대, 부러지고 꺾인 마음이 버거울 때

것도 알았다. 모든 아픔이 시간만 지나면 저절로 아무는 것은 아니지만 대부분의 상처가 아물려면 상처에 걸맞은 시간이 필요하다.

　　나는 당신이 기쁨과 가깝고 고통과 멀기를 바란다. 그렇지만 지금 슬픔의 한가운데서 너무 힘들다면 그 슬픔만큼의 고통만 느끼기를, 슬픔을 밀어내려는 노력이 아픔을 더 선명하게 만들지 않도록 기다리기를 진심으로 바란다.

⌒⌒　　마음의 상처는 몸의 상처와 크게 다르지 않은 과정과 시간 속에 아문다. 살점이 떨어지는 아픔이 없다면 가장 좋겠지만 살아가다 보면 몸과 마음에는 생채기가 남게 마련이다. 치유에는 딱지가 내려앉는 시간, 딱지 속에서 새 살이 차오르는 시간이 필요하다. 마음이 가려워 자꾸만 긁다 보면, 딱지가 벗겨지고 새로운 상처가 쌓여 흉터가 되기도 한다. 몇 번의 눈이 내리고 싹이 돋은 뒤에 불현듯 마음 위 딱지가 떨어지고 돋은 새살의 감촉을 당신이 느낄 수 있기를 바란다.

5

마음의 소독약, 노력할수록
삶이 더 불행해지는 것 같을 때

길 잃은
막내 고양이 쓰다듬기

내 마음의 약하고 무력한 영역을 다루는 법

당신은 어미 고양이다. 얼마 전 새끼 고양이 다섯 남매를 낳았다. 솜뭉치들이 야옹거리며 서로 엉켜 꼬물거리는 모습을 보는 당신은 밥을 먹지 않아도 배가 부르다.

그런데 다섯 번째 막내 아이가 유독 모자라다. 마당에서 잘 뛰놀다가도 혼자 사라지기 일쑤고 밥시간이 되어도 돌아오지 않는다. 다른 남매들에게 치여 밥조차 제대로 얻어먹지 못하고 운동능력이 부족해 구덩이에 빠지거나 오른 나무에서 내려오질 못하는 등 자꾸만 사고를 친다.

오늘은 해가 져도 돌아오지 않는 막내 녀석, 불안해진 당신은 급히 아이를 찾아 나선다. 아무리 찾아도 보이지 않는

마음의 소독약, 노력할수록 삶이 더 불행해지는 것 같을 때

사고뭉치. 화도 나지만 그보다 너무 걱정이 된다. 도대체 어디에 있는 것인지, 혹시 무슨 일이 생긴 것은 아닌지……. 그때 희미하게 마당 한구석에서 아이의 울음소리가 들려온다. 난간에 허리가 끼어 오도 가도 못하는 아이를 찾은 당신은 목덜미를 물어 끄집어낸다. 어미를 향해 앙앙 울며 안겨드는 막내, 다른 번듯한 아이들에 비해 모자란 이 아픈 손가락을 당신은 어떻게 대할 것인가.

우리 마음속의 모자란 막내 고양이

세상에 하나부터 열까지 모든 면이 완벽한 사람은 없고 처음부터 끝까지 잘못된 사람도 없다. 대개 우리의 많은 면은 그저 그렇고, 몇몇 부분은 꽤나 괜찮고, 어떤 부분은 참 별로다. 마음도 마찬가지다. 마음이 긍정 에너지만으로 차오른 사람은 없다(그래 보이거나 스스로 그렇다고 믿는 사람들은 많다). 마음의 많은 부분은 심드렁하고, 일부는 열정적이거나 헌신적이다. 마음에는 우울, 불안, 두려움의 영역도 있다. 마음이 아프다는 것은 이런 영역의 농도가 과하게 짙다는 것을 의미한다.

우울, 불안, 초조, 공포. 건강하고 단단한 내 내면의 다른 부분들에 비해 약하고 무력한 영역이다. 말하자면 우리 마음속의 모자란 다섯 번째 아기 고양이다. 어미가 길 잃은 막내 고양이에게 '왜 이렇게 말을 안 듣니, 왜 이렇게 나를 힘들게 하니'라며 윽박지르고 화를 내듯 우리는 보통 스스로의 힘든 마음을 비난한다. '또 시작이야, 도대체 왜 이렇게 나를 괴롭히는 거야, 이제 그만 정신 좀 차려.'

미우나 고우나 나의 일부, 막내 고양이 같은 마음을 보듬지 못하고 오히려 쥐어박고 혐오하는 이유는 무엇일까. 그것은 '이것만 아니면 내 삶이 훨씬 나을 텐데'라는 생각 때문이 아닐까.

말 안 듣는 막내 고양이는 삶이 야속한 원인이자 이유가 된다. '저것 때문에 내 인생이 이래', '저것만 없었으면 삶이 참 괜찮았을 거야' 평소 우리가 하는 말로 옮기자면 이런 마음 아닐까. '내가 조금만 덜 게을렀으면 뭐든 할 수 있었을 텐데', '우울증만 없어도 참 행복할 텐데', '공황만 해결되면 더 바랄 게 없을 텐데', 증상뿐 아니라 삶 전체에 대한 말로도 바꿀 수 있다. '어릴 적에 가족이 화목하기만 했으면 내 삶이 괜찮았을 텐데', '그때 그 일만 없었다면 지금 마음이 편안할 텐데', '그 사람만 아니면 다 좋을 텐데'

그런 시각으로 바라보는 마음의 고통과 아픈 기억들은

마음의 소독약, 노력할수록 삶이 더 불행해지는 것 같을 때

참 밉다. 저것만 아니었어도 오늘이 행복하거나 최소한 이 정도로 힘들진 않았을 것이란 마음이 스스로의 고통을 더욱 비난하고 외면하게 한다.

말썽꾸러기 고양이는 자신이 말썽을 피우는지조차 모른다. 어미를 화나게 하려 하거나 일을 망치려 드는 것도 아니다. 그저 길을 잃었다는 사실도 모른 채 길을 잃고 접시가 엎질러질 것이란 예상도 못한 채 장난을 치다 우유를 쏟는다. 힘든 마음도 마찬가지다. 마음이 이루어지는 원리, 뇌의 생리 때문에 더 이상 우울하지 않아도 될 때인데도 슬펐던 기억에 잠긴다. 어린 시절의 아픔, 살면서 겪었던 잊지 못할 상처는 나도 모르는 사이에 마음속에, 뇌에 흉터를 낸다. 이렇게 생긴 마음의 흉터는 성인이 된 내가 더 이상 그러지 않아도 되는 순간에도 우울과 불안을 야기한다. 뇌는 지금 떠오른 생각이나 감정이 옳은지 그른지 가치판단을 하지 않고, 평소에 하던 습관에 따라 생각하고 느끼는 것이다.

길 잃은 아기 고양이를 겨우 찾았을 때 화를 내고 윽박지른다고 아기 고양이가 정신을 차리고 마음을 다 잡을까? 오히려 서러움에 더 악을 쓰고 울 것이다. 마찬가지로 내 마음속 철없고 상처받은 나는 외면할수록 더 크게 운다. 왜 스스로마저 내 마음을 몰라주느냐고, 왜 이렇게 슬퍼하는지 알지 않느냐고.

수용하고 전념하라

두려움에 가득 차 오들오들 떠는 막내 고양이를 찾았을 때 가장 먼저 해야 할 일은 무엇일까. 윽박지르고 추궁하는 대신 우선 안아주어야 한다. 핥아주고 쓰다듬어주어야 한다. 안전한 장소를 벗어나는 것은 위험하니 다음엔 그러지 않도록 훈육해야겠지만 그것은 적어도 대화를 나눌 수 있을 만큼 진정된 후의 얘기다. 걱정되고 화가 난다는 이유로 험하게 다그친다고 해서 재발을 막을 수 있는 것은 아니다. 외려 아기 고양이의 마음속에 어미마저 자신에게 매몰차다는 상처가 하나 더 남을지도 모른다.

마음도 마찬가지다. 생물학적이든, 정신분석학적이든, 마음의 고통에는 이유가 있다. 갑자기 불안감이 몰려올 때, 이유 없이 우울감이 찾아올 때, 그럴 때마다 우리는 으레 화를 낸다. 이제는 지긋지긋하다고, 왜 항상 살 만하다 싶을 때면 찾아와 이렇게 나를 괴롭히느냐고. 그러나 이때 우리에게 필요한 것은 분노가 아니라 힘들 수밖에 없는 마음을 이해해주는 일이다.

문득 우울하고 불안해진다는 것은 그간 마음 한구석에

마음의 소독약. 노력할수록 삶이 더 불행해지는 것 같을 때서 소리죽여 울고 있던 마음속 흉터를 마주하는 일이자, 오래된 아픔으로 인해 쉽게 놀라고 두려워하도록 형성된 뇌의 생리적 작용을 느끼는 일이다. '살면서 겪었던 일들 중 도대체 무엇 때문에 오늘 이렇게나 힘든 걸까, 내 마음의 어디가 어떻게 잘못되어서 이럴까'라는 생각보다도 더 중요한 것은, 이러한 마음의 현상을 있는 그대로 바라봐주는 것이다.

사랑하는 사람이나 친한 친구의 고민을 들어줄 때는 한없이 너그러워지는 우리가 유독 자기 자신의 아픔에는 냉정하고 가혹하다. 얼핏 '남 일이니까 편하게 이야기하는 거고 내 일이니까 어렵지' 싶다가도 '내 일, 내 마음이기에 더 따뜻하게 대해줘야 하는 게 아닌가?' 하는 생각도 든다.

위로의 방법은 진심 어린 이해다. 우리 모두는 알고 있다. 나 스스로는 항상 그때그때 최선을 다하고 있었음을. 슬프고 싶어서 슬펐던 적은 없으며 행복하고 싶지 않아서 불행했던 적은 없음을. 외면하고만 싶었던 아픔과 마주했을 때, 피하지 말고 담담하게 이야기를 나눠보자. '그땐 너무 어려서 어쩔 수 없었지?', '지금 돌아보면 답답하지만 그때는 그게 최선이었어', '그럼에도 불구하고 이렇게 견뎌줘서 고마워', '그저 지금 이렇게 살아 있어줘서 고마워'.

이 글이 '당신의 아픔은 실은 별 것이 아니다, 고통은 마음먹기 나름이다'라는 메시지로 읽히지 않기를 바란다. 우리는 누구나 평온과 안식을 원하고 좌절과 실패를 피하려 한다. 그러나 생각대로, 원하는 대로만 이루어지는 삶은 없기에 우리는 가끔 아플 수밖에 없다. 다만 아기 고양이를 다독이듯 우리의 아픔을 마주하고 위로할 용기가 필요하다는 이야기를 하고 싶었다. 다른 누구보다도 나 스스로 그 아픔을 쓰다듬을 때 비로소 마음이 쉰다.

그래서 수용이다. 삶에는 본디 고통도 있음을, 이는 누구에게나 마찬가지이며 어쩔 수 없는 것임을 받아들이는 것이다. 그렇지 않으면 좋겠지만 살다보면 아픔이 있다는 것을 인정하는 것이다.

그리고 전념이다. 아픔의 소멸이 곧 행복은 아니다. 고통은 그대로 수용하고 다독이며 일이든 사람이든 사랑이든, 무언가에 전념하는 것이 행복이다. 어찌할 수 없는 슬픔에 빠진 이는 지금의 아픔에만 몰입하곤 한다. 그러나 아무리 힘든 사람이라도 내가 원하는 나의 모습을 추구할 권리가 있다. 마음대로 되지 않는 세상을 살아가며 버거울 때가 많지만 누구에게나 내나름의 행복에 다가가려 전념할 권리가 있다.

마음의 소독약, 노력할수록 삶이 더 불행해지는 것 같을 때

비록 지금은 행복이 요원하게 느껴지더라도 당장 한 걸음을 옮길 수 있다. 길 잃은 마음속 아기 고양이를 핥아주는 일, 외면했던 상처를 마주하고 쓰다듬는 일이 그 시작이 될지도 모른다.

⌒⌒ 만약 바람대로 눈엣가시인 막내 고양이가 사라지면 모든 것이 해결되고 비로소 평화로워질까? 어쩌면 그동안 너무 설치는 막내에 가려져 있던 넷째, 셋째 녀석들의 부족함이 눈에 들어오기 시작하지는 않을까?

왜 사는지
모르겠다면

수용전념치료적 관점에서의 목표와 가치

진료실에서 의외로 대단한 성과를 이룬 분들을 자주 만난다. 성공한 사업체의 사장, 중견 기업 임원, 대학교수, 고소득 전문직, 최상위권 성적의 학생. 남부러울 것 없는 이들이 무엇이 아쉬운 걸까. 돈 문제, 가족 문제 같은 다른 스트레스가 겹친 걸까? 그런 경우도 많지만 그렇지 않은 경우도 종종 있다.

세상에 돈 싫어하는 사람도 없고 명예가 있어서 나쁠 것도 없다. 성과를 위해 몰두하는 것은 멋지기도 하다. 하지만 성공한 많은 이가 이야기한다. 목표만을 향해 달리는 것이 지친다고, 잘 사는 법은 알 것 같은데 왜 사는지는 모르겠다고.

수용전념치료는 맹목적으로 눈앞의 목표를 따라가기

마음의 소독약, 노력할수록 삶이 더 불행해지는 것 같을 때

보다 가치를 따르는 삶을 제안한다. 가치는 달성하기보다 추구하는 것이다. 이는 어느 순간 완수하는 체크리스트가 아니라 살아가며 조금씩 가까워지려 노력하는 것이다. 혼란한 삶의 방향을 설정하게 하는 이정표, 지침이다.

목표와 가치의 차이

목표는 수치화, 계량화할 수 있기 때문에 눈에도 잘 띄고 명확한 지표로 삼기 좋다. 그에 비해 가치는 모호하다. 그래서 우리는 '어떤 직장에 취직하겠다, 돈을 얼마나 모으겠다, 어떤 배우자를 만나겠다'와 같은 성과를 달성하는 데 매몰되기 쉽다. 이러한 목표들은 순조롭게 달성될 수도 있지만 그렇지 않을 수도 있다. 충분한 노력이 반드시 성공으로 이어지는 것은 아니다. 그렇기에 목표 달성 여부로 일희일비하면서는 행복해지기 힘들다.

예를 들어 '좋은 아빠가 되고 싶다'는 생각은 가치다. 이러한 가치를 추구하고자 '아이를 명문대에 보내겠다'는 목표를 세울 수는 있다. 하지만 이러한 목표를 세운 이유인 가치를 망각하고 목표 그 자체에만 매달린다면 어떨까. 사교육비를 뒷바라지하느라 아이와 함께 보낼 시간을 잃고, 아이의 성적 변화에 전전긍긍하게 되고, 자신의 희생을 알아주지 않는 아이에게 야속한 마음이 들지도 모른다. 목표에 몰두할수록 성과만을 기대하게 되고 이를 달성하지 못할 때 좌절한다.

가치를 추구하는 삶에는 성과와 별개로 살아갈 힘이 주어진다. '세상에 기여하는 사람이 되고 싶다'는 가치를 추구하고자 '이번 주 안으로 10만 원을 기부하겠다'는 목표를 세웠지만 형편이 힘들어 도저히 기부할 여력이 나지 않았다고 하자. 목표만을 생각한다면 실패가 속상할 것이다. 하지만 그 목표를 만들어낸 가치를 떠올린다면 우울해하는 동료에게 따뜻한 말을 건네거나 자선단체에서 봉사를 하는 등 다른 방법을 찾을 수 있다. 비록 현실은 우리의 바람대로 이뤄지지 않을 때가 많지만 스스로가 믿는 가치를 단단히 붙잡고 가는 사람은 그럼에도 불구하고 흔들리지 않는다.

신을 기만한 시시포스는 거대한 산꼭대기로 바윗덩어리를 밀어 올리는 형벌을 받았다. 아무런 의미가 없는 고된 노동으로 겨우 정상까지 올려놓은 바위는, 이내 속절없이 굴러 떨어져버린다. 그리고 그는 그 고통을 다시 시작하기 위해 산을 내려가야 한다. 무거워서 힘든 게 아니라 공허해서 힘들다. 목표만을 따라가는 우리 삶의 모습은 시시포스를 닮았다.

마음의 소독약, 노력할수록 삶이 더 불행해지는 것 같을 때

힘들어서 힘든 일은 의외로 드물다. 오늘이 이렇게 힘든데 그것이 내게 의미가 있는지, 정말로 내가 원하는 일인지, 내 삶의 가치와 닿아 있는 일인지 모호할 때, 마치 다시 굴러 떨어질 바위를 들어 올리는 심정으로 살아갈 때, 그 무의미함이야말로 견디기 어렵다.

반대로 아무리 힘들어도 가치 있는 일임을 스스로 안다면 견딜 만하다. 가치를 기억하는 이에게는 자기 자신도 놀랄 정도의 힘이 있다. 오늘만큼의 고단함이 원하는 삶의 모습, 사랑하는 사람들의 웃음으로 이어질 것을 상상하면 어깨의 짐도 조금은 가볍게 느껴진다.

가치를 되새기는 일은 우리에게 삶의 고난과 행복을 풀어 설명해준다. 하고 싶었지만 참아야 했던 일, 노력하고 견뎌야 했던 일, 그리고 기뻤던 일이 왜 그런지 알려준다.

가치가 나에게 알려주는 것들

아이가 운다. 이제 백일을 겨우 채운 아이가 폐렴에 걸렸다. 호흡이 어려워 갈비뼈 아래가 쑥쑥 들어가고, 가슴에서 가래 끓는 소리가 울린다. 종교도 없는 내가 기도를 하고 아내와 돌아가며 밤을 샌다. 교대한 이는 나중에 아이를 보기 위해 체력을 아끼고 잠을 자야 하는데, 걱정에 차마 잠들지 못한 채 곁에서 이렇게 글을 쓴다.

돌이켜보면 출산 날부터 녹록지 않았다. 본인 스스로도 엄살이 심함을 인정하는 아내가 무통 주사를 맞고도 몸이 덜덜 떨리는 산통을 견뎠다. 작은 통증에도 호들갑 떨던 아내의 장난기 가득한 눈이, 지긋이 감긴 채 이따금씩 떨리기만 했다. 그 모습을 지켜볼 수밖에 없는 나는 그저 안타까웠고, 동시에 애틋함을 훌쩍 넘어서는 엄숙함을 느꼈다.

밤잠을 자지 않는 아이는 3시간, 4시간이고 보챘다. 열 시부터 안기 시작한 아이가 새벽 한 시에 잠이 들었는데, 아니 들었다고 착각했는데 내려놓자마자 울어서 다시 어르기 일쑤였다. 일주일 내내 꼬박 밤을 새던 인턴과 전공의 시절, 수면욕은 식욕이나 성욕 같은 어떠한 인간의 욕구에도 선행함을 몸으로 느꼈었다. 수면에 대한 갈망을 살면서 다시 느낄 일은 없으리라 생각했다. 아무리 많은 돈이나 명예가 주어지더라도 잠을 제대로 자지 못하는 길은 택하지 말자 다짐했는데, 그 고통을 자원해 다시 느끼게 될 줄이야.

남편이 아무리 대신해주고자 해도 해줄 수 없는 것이 유축이다. 아내는 아이가 겨우 잠든 시간에조차 3시간마다 깨서 유축을 해야 했다. 울적해지고 지쳐갔다. 아내는 그 기분 자체보다 그로 인해 아이에게 소홀해질까 슬퍼했다. 상의 끝에 수유를 중단했다. 아내는 세상 어디에도 없을 사랑을 주면서도 늘 미안해한다.

훗날 아이가 성공해 부모에게 보답하면 좋겠다는 기대는 전혀 들지 않는다. 여느 부모들이 그렇듯 그저 건강하게 잘 자라 행복했으면 좋겠다는 바람만 있다. 육아는 효율, 손익, 성과 같은 단어와는 대척점에 있는 일이다.

그렇다면 당신은 왜 그렇게 삶의 많은 부분을 포기하면서까지 아이를 낳아 기르는 것이냐고 묻는다면, 특별히 해줄 말은 없다. 아이를 키우는 이유가 모호하다는 의미는 아니다. 자는 아이의 손 위에 내 손가락을 놓으면, 잠결에 아이는 손가락 두 마디 크기의 손으로 내 검지손가락을 꼬옥 붙잡고 잔다. 그 손을 통해 아이의 호흡이 새근새근 전해온다. 살아오며 느낀 어떤 순간보다도 행복한 마음이 가득 차오른다. 그 한순간만으로도 충분할 것 같은데 그런 순간이 마치 좋아하는 작가의 책 속 문장들처럼 하루 중 여기저기에서 문득 밀려온다. 이에 대해 다른 사람에게 설명할 만한 수치도 없고 설명한다고 해서 그리 와닿지도 않을 것이다. 어느 누군가에게는 죽을 때까지 이해받지 못할 수도 있다. 그러면 어떤가.

　　가치란 그런 것이다. 나만이 알 수 있는 것, 삶이 고된 이유를 알려주고 그럼에도 삶이 헛되지 않음을 깨닫게 하는 그런 것이다.

⌒⌒　　'가치'를 추구하자는 것은 뜬구름 잡는 이야기가 아니다. 주어진 책임을 내던지고 백일몽을 좇자는 이야기는 더욱 아니다. 어떤 삶을 살고 싶어 이토록 노력 중인지, 왜 오늘을 살아내고 있는지를 떠올려보자는 이야기다. 나만의 가치를 상상하고 추구하는 것은 배부른 고민도, 철이 덜 든 생각도 아니다. 오히려 긴 삶을 의미 있게 살아가기 위해 필요한 지극히 현실적인 주제다. 가치를 되새길 때 우리는 견디는 것을 넘어 비로소 삶을 산다.

마땅히 그래야만 하는
삶은 없다

수용전념치료적 관점에서 바라본 인생의 모순

'착한 사람이 복을 받는다. 나쁜 짓을 하면 벌 받는다. 노력 끝에는 결실이 있다.' 흔한 잠언이다. 어린 시절 우리는 이 러한 잠언을 '삶의 원리'라 교육받고 경험으로 체득한다. 가정과 학교는 이러한 기본적인 사회의 준칙을 학습하기 위해 잘 설계 된 훈련장이다. 보상과 처벌을 통해 사회의 기본 원리는 그렇게 되어 있음이 우리 마음속에 암묵적으로 주입된다.

그런데 혹시 '세상이 어디 그렇게 생겨 먹었나?'라는 힐난이 떠오르진 않았는지. 현실은 도덕 교과서와 다르다. 착 한 사람은 늘 손해를 보는 것 같고, 머리 좋은 못된 사람들이 떵 떵거리며 산다. 착하다는 말이 순박함을 넘어 어수룩함을 폄하하는 단어로 쓰이기도 한다. 기쁨은 노력 순으로 주어지지 않고 애초에 노력이 필요 없는 이들도 너무 많다. 당연히 믿어왔던 명제들이 현실 속에서 부정당하는 경우를 목격할 때 우리는 삶의 모순을 느낀다.

　　나도 고등학교 때까지는 도덕 교과서 원리에 충실하며 지냈다. 달리 말하면 삶에 크게 모순이 없었다. 꽤나 노력했고 (지금 생각하면 상당 부분 운과 감사한 환경에 기인한 것이지만) 만족할 만한 성적, 좋은 이들과의 친밀함을 유지했다. 주어지는 기회와 권리가 노력의 결과일 뿐이라 생각하니 삶이 참 단순했고, 삶을 바라보는 시선도 참 편안했다.

　　그에 비해 20대는 배신의 연속이었다. 내게는 결코 찾아오지 않을 거라 생각했던 이별을 경험했다. 매일을 강의록, 출력물과 씨름하는 동안 고등학교 동창이 불법 도박 사이트를 운영하며 떼돈을 벌었다는 소문을 들었다. 뉴스를 틀면 여러 사람의 삶을 망친 사기꾼들이 해외로 도피해 호화 생활을 누리는 이야기, 법의 틀을 교묘히 피해 다니며 호의호식하는 탈세자 이야기가 나왔다. 우직한 친구들이 유달리 취업이 되지 않아 힘겨워하는 모습을 지켜봐야 했다.

　　혼란하다기보다 불안했다. 이렇게 사는 게 맞는다고 믿

으며 살아갔는데 그 생각이 자꾸 배반당했다. 노력 끝에는 원하던 삶의 모습, 행복이 있으리라는 믿음이 세차게 흔들렸다. 원하는 대로 살아갈 수 있을까 싶어 초조했다.

언어가 우리를 배신한다

수용전념치료에서는 우리가 느끼는 고통의 원인 중 '언어'에 주목한다. 우리는 살아가며 수많은 경험을 한다. 그 경험은 내게 행복을 줄 수도, 슬픔을 줄 수도, 아무런 감흥을 주지 않을 수도 있다. (생명이 있는) 개체는 행복을 지향하고 슬픔을 지양한다. 좋은 것을 다시 경험하고 싫은 것을 피하기 위해 인간은 동물과 달리 자신의 경험을 언어로 정리하고 반추한다. 언어는 우리가 삶을 이해하는 통로다.

언어는 영구적이고, 또 명료한 특성을 지닌다. 따라서 한번 마음속에 언어적으로 자리 잡은 가치관은 명쾌하며 오래도록 지속된다. 예를 들어 '착한 사람이 복을 받는다'는 문장을 보자. 비록 현실에서는 이러한 말이 잘 맞지 않을 때가 많지만 문장의 논리 자체는 매우 단순하고 확실하다. 착한 사람이 복을 받는다, 명료하고도 명쾌하다. 이렇듯 언어로 표현된 가치는 혼란한 현실과 달리 알기 쉽고 잘 변형되지 않으며 오래도록 마음

마음의 소독약, 노력할수록 삶이 더 불행해지는 것 같을 때

속에 남아 있다. 이러한 특성은 모호한 것을 기술할 때, 이를 테면 살아가는 이유, 삶이 이루어지는 원리를 설명할 때에도 마찬가지다.

'빨간 신호등에 길을 건너는 것은 위험하다.' 이 문장은 사실에 크게 위배되지 않고 우리의 생존에 큰 이득을 제공한다. 언어라는 도구를 통해 이렇게 명료한 명제를 한번 체득한 인간은 평생 그 준칙을 준수한다.

하지만 이러한 언어의 특성은 '사실 명제'가 아닌 '당위 명제'에도 그대로 적용되어 혼란을 일으킨다. 앞서 언급한 '착한 사람이 복을 받는다, 나쁜 짓을 하면 벌 받는다, 노력 끝에는 결실이 있다' 같은 문장들은 '진실 혹은 거짓'의 문제가 아니라 '그래야 한다, 그랬으면 좋겠다'의 문제다. 그렇지만 이러한 문장들도 명쾌하고 영구적인 언어의 특성에 따라 마음속에 '사실'로 자리 잡는다. 문제는 현실이 이러한 명제들을 수없이 배신한다는 것이다. 착한 사람은 자주 이용당하고, 나쁜 짓을 해도 떵떵거리며 사는 사람이 존재하며, 결실을 이루지 못한 노력도 수없이 많다.

삶은 명료하지 않다

확률 통계의 태동은 도박에서 시작되었다. 사고의 중심이 신에서 인간으로 옮겨오던 근대 초기, 도박사들은 이성의 힘으로 다음에 나올 주사위의 눈을 완벽히 예측할 수 있을 것이라 생각했다. 자본력과 수학자들의 지성으로 연구에 연구를 거듭했지만 이러한 생각은 이내 벽에 부딪힌다. 주사위를 던지는 악력은 물론이고 가깝게는 방 안의 기류부터 멀리는 지구의 중력, 그날의 온도와 습도 등 이루 헤아릴 수 없는 변수가 주사위의 눈을 결정하는 데 작용하고 있음을 깨달은 것이다.

결국 학자들은 백기를 든다. '주사위의 눈은 예언할 수 없다. 어떠한 상황에서 어떠한 눈이 나온다는 법칙도 찾을 수 없다. 다만 어떤 눈이 나올 확률을 6분의 1로 예측할 따름이다. 그것도 던질 때마다 모든 외부 변수가 통제되었다는 전제 하에.' 당시에 읽고 '아 그렇구나' 넘겼던 이 이야기가 요즘 따라 자주 떠오른다. '아, 이게 인생이구나' 하고.

삶은 명료하지 않다. 우리가 삶의 모순이라고 믿었던 것은 실은 과거에서 도출해낸 어떤 결론이 현재에는 들어맞지 않는 것에 불과하다. 10여 년 전, 1년 전으로 거슬러 올라갈 것도 없이 한 달, 하루 전의 삶조차 오늘과는 다르다. 아무리 사소

마음의 소독약, 노력할수록 삶이 더 불행해지는 것 같을 때

한 경험이나 생각이라도 그것을 좌우하는 변수는 주사위의 눈을 결정하는 변수 따위와는 비교도 되지 않을 만큼 무궁무진하다. 인생의 어느 시점에 옳다고 믿은 삶의 원리가 앞으로도 모순 없이 들어맞기를 바라는 것 자체가 무리일 수 있다. 이는 어제 주사위의 눈이 1로 나왔으니 오늘도 그럴 것이라 믿는 것과 같다.

'언어'로 된 수많은 당위 명제들의 틀을 벗어나 바라보면 삶이 원래 모순덩어리라는 것이 보인다. 또 그에 따르는 슬픔과 불안, 절망이 그저 삶의 일부였음도 깨닫게 된다.

세상의 부조리를 옹호하려는 것이 아니다. 우리가 어떤 가치관을 지니고 살아가느냐와 상관없이 삶이 그렇게 이루어져 있음을 이야기하는 것이다. 그렇다면 가치관이나 신념을 좇는 삶은 무의미한 것일까? 내 가치와 신념을 지금 당장 내려놓으면 마음이 편해질까? 그렇게 한다면 나는 타인에게 이리저리 휘둘리는 마리오네트가 되거나 일시적인 쾌락만을 좇아 그때그때 살아가는 하이에나가 될 것이다.

마음속에 입력된 문장에 사로잡히면 삶의 모순 앞에서 우리는 늘 혼란하고 좌절하며 불안해하게 된다. 그러나 언어가 빚어낸 잠언들이 반드시 이루어져야 하는 삶의 원리가 아니라 그렇게 되면 좋겠다는 바람들을 응축한 것이라고 생각해보면 어떨까. '마땅히 그래야만' 하는 삶은 없다.

⌒⌒   누구나 사랑에 상처받지만 그럼에도 불구하고 또다시 사랑을 추구한다. 취업의 실패, 시험의 탈락, 노력에 어긋나는 현실에 좌절하지만 그럼에도 다시 일어난다. 가치를 추구하며 살아가다 보면 필연적으로 모순과 마주하게 된다는 사실을 진심으로 '수용'하면 오히려 나아갈 길, 내가 믿는 가치를 위해 '전념'할 길이 보인다. 가치는 삶이 언제나 동화처럼 평화로울 것이란 약속이 되어주진 못하지만 늘 모호한 삶 속에서 불안한 우리를 인도하는 등대가 되어줄 것이다.

원하는 삶에서
점점 멀어지는 것 같다면

갇힌 고리에서 벗어나는 법

한참 일이 힘들 때 먹으며 스트레스를 풀곤 했다. 매운 떡볶이에 소시지와 치즈를 토핑해 먹고 맥주를 마시며 편의점 닭다리를 뜯었다. 밤마다 인턴 동기들과 숙소에서 피자며 치킨을 먹었고 룸메이트와 중국집에서 1인 1요리를 시켰다. 식비는 꽤 부담이었으나 바빠서 다른 데 돈을 쓸 시간이 없어서 괜찮았다.

즐기던 운동들은 그만두고 식사가 느니 급격히 몸이 불었다. 외모나 몸매 따위를 신경 쓰는 건 사치였다. 문제는 체력이었는데 예전에 비해 빠르게 지치고, 쉽게 졸렸다. 피곤은 더 큰 스트레스로 이어졌다. 마음의 여유가 줄고 웃으며 넘길 수

마음의 소독약, 노력할수록 삶이 더 불행해지는 것 같을 때

있는 일에도 짜증이 났다.

떨어지는 체력과 나빠지는 건강이 슬슬 걱정됐다. 다이어트를 해야 할 것 같았다. 그럼에도 하루 종일 스트레스에 절여진 밤이면 치킨 생각이 났다. 같은 처지들의 동기들이 모이면 치맥을 주문했고 눈앞에 치킨이 있는데 안 뜯을 수가 없었다. 잠깐 기분이 좋아지고 눈을 뜨면 다시 한숨이 나왔다. 몸은 지치고 피곤은 깊어져 갔다.

왠지 살아가는 일이 힘겨움을 참고, 잠깐 그것을 잊고, 또 다시 찾아오는 힘겨움을 견디는 일의 반복이라는 생각이 들었다.

삶을 갉아먹는 갇힌 고리의 늪

누구나 원하는 삶의 모습, 자기 자신의 모습이 있다. 그 모습과 내 삶, 나 자신이 닮아갈 때 우리는 행복을 느끼고 멀어질 때 좌절하고 슬픔에 빠진다.

살다 보면 꿈과 이상, 행복 같은 가치는 고사하고 하루를 견디는 일 자체가 너무나도 힘들 때가 있다. 꿈을 이뤄가는 기쁨, 멋진 삶을 살아가는 즐거움, 따뜻한 사람들과 함께하는 행복 따위는 남의 이야기만 같고 힘든 내 삶과 대비되며 반감마저 든다. 우울, 불안, 두려움이 일정 수준 이상 지속되다 보면 이러한 경향은 더 깊어진다. '꿈 같은 배부른 소리 하시네. 난 힘들지나 않았으면 좋겠어.'

현대 사회는 이러한 당장의 슬픔을 잊게 해줄 매력적인 장치들을 수없이 마련해뒀다. 음악, 담배, 술, 영화, 게임, 운동, 여행. 짧게는 3분 남짓, 길게는 며칠 가량 허용되는 위로에 사람들은 마음의 고단함을 달랜다.

왜 사는지도 모르는 인생, 즐겁다면 그것이 최고 아닐까라는 생각이 들기도 한다. 잠깐이라도 힘듦을 잊을 수 있다면, 누구에게 피해를 주지도 않고 기쁨을 느낄 수 있다면 나쁠 게 없지 않은가. 쾌락을 느끼는 그 순간만 놓고 본다면 그럴지도 모른다. 문제는 인생이 길다는 데 있다.

찰나의 기쁨과 슬픔에 상관없이 삶은 이어진다. 오늘 하루는 오늘로 끝나지 않고 내일의 씨앗이 된다. 잠깐의 쾌락이 영원히 지속된다면 좋겠지만 현실은 그렇지 않다. 오히려 순간의 위안이 더 긴 고통의 씨앗이 되기도 한다.

예컨대 대인 관계가 어려워 사람이 모인 자리가 불편한 사람을 떠올려보자. 그가 당장 편안할 수 있는 방법은 회피다. 회식 자리를 빠지고 다른 사람들의 연락을 피하면 당장은 편하다. 이로 인해 생기는 문제가 전혀 없다면 상관이 없겠으나 현실은 그렇지 않다. 이러한 패턴이 반복될수록 함께하는 업무에 차질이 빚어지거나 사이가 소원해질 가능성이 높다. 장기적으로는 오히려 관계 불안이 악화될 수 있다.

스트레스 때문에 먹는 치킨으로 살이 쪄 더 스트레스를 받고, 사람이 부담스러워 관계를 피하다 보니 더 부담스러워진다. 부정적인 감정이나 상황을 회피하고자 하는 행동들이 장기적으로는 오히려 감정을 상하게 하고 상황을 악화시키기도 한다. 이는 또다시 힘든 마음을 달래기 위해 부적절한 보상 행동을 반복하는 악순환으로 이어진다. 끝이 나지 않는 악순환의 고리, 수용전념치료에서는 이러한 경향을 '갇힌 고리 stuck loop'라 한다.

우리 삶 속 갇힌 고리는 수없이 많다. 외로움을 못 이겨 짧은 만남을 즐기거나 누군가에게 쉽사리 마음을 허락한다면 한동안은 그 외로움을 잊은 채 지낼 수 있을지 모르지만 조금 더 시간이 지나면 이내 공허해진다. 몇 달 뒤 예정된 중요한 시험 스트레스로 게임이나 유흥을 즐기면 당장은 재밌지만 나중에 더 괴로운 결과를 맞닥뜨려야 할지도 모른다. 일에 치이고 사람에 치인 스트레스를 푸느라 늦은 시간까지 술잔을 기울이다 보면 다음 날 일하기가 힘들어지고 나쁜 평가를 받을 수 있다.

지금의 고통을 잊기 위해 나름대로 최선을 다하는 노력들이 길게 보았을 때는 큰 의미가 없거나 더 큰 어려움을 야기하기도 한다. 그 고리에 갇힌 우리의 모습은 쳇바퀴 속 다람쥐 같다. 쳇바퀴를 벗어나고픈 마음에 열심히 달리면 달릴수록 지치기만 할 뿐 벗어날 수는 없다.

내가 되고 싶은 나는 어떻게 행동했을까

그렇다면 갇힌 고리에서 벗어나려면 어떻게 해야 할까.

우선 내 안의 갇힌 고리를 발견해야 한다. 지금, 감정이든 상황이든 내가 힘들어하고 피하고 싶은 것들을 적어보자. 불안, 우울, 일하며 받는 스트레스, 엄마와의 관계 등등. 그 옆에 이를 해결하거나 잊기 위해 하는 행동들을 적어보자. 한잔하기, 유튜브 보기, 멍 때리기, 게임하기, 집에 틀어박히기, 운동하기 등등. 무엇이든 좋다.

그 다음으로 각 방법들이 내게 얼마나 도움이 되는지를 적어보자. 단, 단순히 좋고 나쁨으로 평가하는 것이 아니라 단기적으로는 얼마나 효과가 있는지, 장기적으로는 어떤지를 나누어 적어보자. 짧은 시간 동안에는 위로를 주지만 길게 보았을 때는 큰 의미가 없거나 오히려 스트레스를 늘리는 방법이 눈에 띄는가? 그것이 바로 내 삶의 간힌 고리다.

간힌 고리를 발견했다면 그 다음은 행동에 옮길 차례다. 간힌 고리에 해당하는 방법들은 멀리하거나 포기하려 노력해보자. 그 방법들 대신 내 삶을 원하는 방향으로 이끌어줄 방법을 선택해보자. 예컨대 스트레스를 받을 때 조깅을 했다면 이는 길게 봐도 내 삶에 도움이 될 가능성이 많다. 조금 더 정확히 이야기하면 지금의 스트레스 해소에도 도움이 되고 길게 보았을 때도 건강이라는 '삶의 가치'를 추구하는 데 도움이 된다. 그러한 방법을 찾아내고 실천하도록 노력하는 것이다.

마지막 단계에는 약간의 상상력이 필요하다. 힘들고 슬픈 마음은 조금만 미뤄두고 내가 바라는 내 삶, 내 모습을 상상해보자. 그것이 막연하고 어렵다면 평소 내가 존경하고 동경하는 누군가를 떠올려보자. 아니면 먼 미래에 되고 싶은 나, 바라는 나를 그려보자. 그리고 '간힌 고리'의 방법을 택하려는 시점에 존경하는 그는 어떤 방법을 택했을지 또는 내가 바라는 나는 어떻게 대처했을지를 떠올려보자.

'이렇게 슬프고 힘들 때 나는 술을 마시거나 아무나에게 전화를 걸어 길게 하소연을 하지만, 내가 존경하는 그 선생님이라면 좋은 책을 찾아 읽고 음악을 들으실 것 같다', '지금의 나는 속상한 걸 참지 못해 화를 내고 후회할 때가 많지만, 내가 되고 싶은 나는 조금 더 신중히 생각하고 마음을 다독일 것 같다' 그렇게 상상에서 떠오른 대처 방법을 실제로 실행해보면 어떨까. 마치 내가 바라는 내 모습을 연습하는 것처럼, 지금 당장의 아픔에서 도망칠 수 있는 길이 아닌 원하는 삶으로 나아갈 수 있는 길을 택하는 것이다.

물론 이 글을 읽는 당신도, 나도 알고 있다. '그게 쉬우면 애초에 그렇게 했겠지. 마음대로 안 되니까 힘든 거 아니야.' 그렇지만, 그렇기에 더 마음을 써야 한다. 애쓰지 않고 살아가다 보면 인생은 제멋대로 흐르고 우리 삶은 이를 쫓는 것이 전부가 된다. 왜 이렇게 힘들어야 하는 건지 모르겠다며 주어진 일을 해내느라 지치고 남들이 좋다고 하는 즐거움을 소비하게 된다.

현실은 내게 생각은 접어둔 채 당장 코앞의 일에만 집중하라 하고, 마음은 잠깐의 쾌락으로 힘든 상황을 잊으라 한다. 그래서 가끔은 의식적으로 멈추고 생각할 시간이 필요하다. 내가 원하는 삶은 어떤 것인지, 그리고 어떻게 해야 그 삶에 다가갈 수 있는지에 대해서. 거창한 화두는 필요 없다. 나는 언제 기뻐하는지, 무엇을 좋아하고 무엇을 싫어하는지, 그래서 내가 어

마음의 소독약, 노력할수록 삶이 더 불행해지는 것 같을 때

떤 모습으로 살고 싶은지를 이따금 커피 한 잔을 마시는 시간에 고민하는 것으로 충분하다.

⌒⌒　　그런 생각이 든다. 그때는 너무나도 슬프고 또 한없이 기뻤던 순간들이 찰나이며 이내 사라져버린다는 생각이. 그렇기에 행복은 슬픔의 소실이나 기쁨의 지속이 아닌, 스스로가 원하는 삶, 원하는 모습에 다가가고 있음을 느끼는 것이 아닐까. 서두의 내가 그러했듯 당장의 아픔을 벗어나려다 고리에 갇혀 원하는 삶에서 조금씩 멀어지고 있다면, 그 끝없고 야속한 인생의 굴레에서 벗어나기를 바란다.

나는
불행할 운명인가 봐요

우리가 삶을 믿지 못하게 되는 이유

"저는 태어날 때부터 불행할 운명이었어요."

젊은 친구가 왈칵 눈물을 쏟는다. 그렇지 않다는 이야기를 함부로 꺼낼 수 없었던 건 앞서 몇 번의 상담을 통해 그가 얼마나 힘들게 살아왔는지 익히 들었기 때문이었다. 스스로가 불행하다고 느낄 만한 상황이었다. 그 후로도 여러 차례 찾아와 울음을 한참 토해내고 나니 감정은 꽤 진정되었지만 하는 이야기의 내용에는 큰 변화가 없었다. '삶이 이렇게 힘들었기에 저는 불행할 수밖에 없는 사람이에요.'

"진심으로 그렇게 생각하신다는 것을 알겠습니다. 그만큼

힘드셨다는 이야기로도 들려요."

"네, 진심이에요. 저는 그냥 애초에 그렇게 태어난 것 같아요."

"그러셨군요. 그렇다면 혹시 그 생각은 언제부터 드셨는지 기억이 나시나요?"

"네. 고등학교 때쯤이었던 것 같아요. 부모님이 이혼하시고 난 뒤부터……."

"그렇군요. 그럼, 그 전엔 그런 생각이 드셨던 건 아닌가 봐요."

"네. 그때쯤부터 삶이 너무 힘들게 느껴졌어요. 비로소 깨달은 거죠."

"그럼 그 전에는 인생에 대해 잘못 알고 계셨던 건가요?"

"네. 그런 셈이죠."

"음, 그러면 혹시 지금 떠올리시는 생각도 나중에 보면 정답이 아닐 수 있지 않을까요?"

"어……?"

일찍이 수많은 철학자가 간파했듯 인간은 언어로 삶을 해석한다. 오늘 아침을 되돌아보자. 아침밥의 맛과 날씨를 있는 그대로 느끼지 않았다. '오늘 국은 좀 짜네', '하늘이 오랜만에 화창하네', '6월도 안됐는데 너무 덥네' 등 의미 없는 일상, 모호한 느낌들이 말을 통해 명료해지고 이해되어 의식에 깊이 자리 잡는다. 의식화한 느낌은 모두 언어로 구현된다. 언어가 없을 때 삶을 어떻게 느꼈을지 상상하기 어려울 정도로 우리의 의식은 언어에 깊이 뿌리내리고 있다.

언어를 이용해 정리한 생각은 진득하게 우리의 마음에 들러붙는다. 예컨대 면접에서 떨어진 충격, 그 느낌 자체는 생각보다 빠르게 사라지지만 '나는 앞으로도 잘 안 될 거야'라는 문장으로 정리된 생각은 감정이 사그라진 다음에도 쉽사리 떨쳐지지 않는다. 이별의 아픔은 시간이 지나면 무뎌지지만 '쉽게 마음을 주면 결국 상처 받는 건 나야'라는 생각은 오래도록 가슴에 머문다.

내가 만든 언어의 덫

행복하기만 하려고 태어나거나 불행하기만 하도록 운명 지어진 사람은 없다. 삶은 그저 삶이다. 그러나 여러 가지 이유로 지금까지의 삶에 불행이 조금 더 찾아왔을 수는 있고 지나치게 힘들고 버거웠을 수도 있다. 그래서 삶은 버겁고 힘들기만

하다는 '생각이' 들 수도 있다.

'나는 사랑받지 못할 사람이야', '뭘 해도 내가 하는 일은 꼬이기만 해', '나는 항상 불운해' 같이 살아가며 겪는 단편적인 경험이 만들어낸 생각들이 내 삶인 양, 나라는 사람 그 자체인 양 여기는 현상을 수용전념치료에서는 융합^{fusion}이라 한다. 복잡한 세상, 오묘한 삶, 다면적인 나를 담기에는 지나치게 단편적인 몇 마디 말로 스스로의 인생, 나 자신을 규정하고 이러한 관념을 불변의 사실처럼 간주하는 것이다.

하지만 생각을 찬찬히 뜯어볼 필요가 있다. 앞서 언급했던 '나는 사랑받지 못할 사람이야'라는 생각은 과연 사실일까? 엄밀히 말해 '사실'이란 것은 존재할까? 지금까지 만난 이들 중에 이기적인 사람이 많았다고 해서 '모든 사람은 이기적이니 항상 조심해야 한다'는 명제를 증명할 수는 없다. 아픈 이별의 경험들이 '세상에 사랑이란 없다'는 문장을 입증하는 것은 아니다.

생물학적으로 행복은 개체의 생존과 번영에 좋은 일을 경험할 때 주어지는 보상이며 불안은 미리 예상되는 생존에 대한 위협을 두려워하는 마음이다. 좋지만 없어도 살아갈 수 있는 일과 일어난다면 살아남는 데 치명적일 수 있는 일, 본능은 당연히 후자로 기운다. 죽고 사는 문제에서 꽤 자유로워진 현대에도 여전히 본능은 사람들을 두려움으로 내몬다. 행복해질 것이란 생각은 끊임없이 의심하고 불행해질지 모른다는 생각은 거부감 없이 받아들인다. 우리가 긍정적인 생각보다는 부정적인 관념에 더욱 융합되기 쉬운 이유다.

살면서 마주한 경험은 언어로 정리되어 마음속에 하나씩 벽돌처럼 쌓인다. 예쁜 무늬의 벽돌이 적당한 높이로 쌓이면 나를 보호하는 울타리가 되지만 지나치게 높고 삭막한 담장은 장벽이 된다. 언어가 관념 속에 스스로를 가두고 삶을 바라보는 시선을 부정적으로 왜곡시키며 원하는 행복으로부터 자신을 멀어지게 하는 것이다.

오늘 하루가 행복할 것이라 해서 내일도 무작정 행복할 예정은 아닌 것처럼 어제까지의 불행이 오늘도 고통스러울 것임을 입증하는 것은 아니다. 하지만 생각에 융합된 마음은 어제까지의 불행을 미루어 앞으로의 삶도 어두울 것이라 예측한다.

이는 다분히 현실적인 이야기다. 지금까지 학교나 직장에서 좋은 대인 관계를 만드는 데 어려움을 겪은 적이 있다고 가정해보자. 그리하여 '역시 사람은 믿을 게 못돼'라는 생각이 마음속에 자리 잡았다면 이는 이후의 인간관계에도 영향을 줄

마음의 소독약, 노력할수록 삶이 더 불행해지는 것 같을 때

것이다. 그러한 선입관이 아니었다면 서로의 관심사를 터놓고 친해졌을지 모르는 사람과 가까워질 기회도 잃게 된다. 일, 사람, 사랑, 우리는 어쩌면 우리가 만든 언어의 덫에 사로잡혀 수많은 가능성을 놓치고 있는지도 모른다.

말의 감옥에서 벗어나는 법

우습고 부끄러운 일이지만, 늦은 사춘기로 고2병을 앓을 때 철학서적을 탐독하며 삶이 무엇인지를 꽤나 깊이 이해했다고 자부했었다. 처음 사랑에 빠지며 비로소 사랑이 무엇인지 깨달았다고 생각한 적도 있고, 일에 치이다 삶이란 참 고단하기만 한 것이라 여긴 적도 있었다.

지금 와서 되돌아보면 그 어떤 순간의 어떤 생각도 내 삶 전부, 나 자신 전체를 정의하지는 못한다. 그저 살면서 그런 일을 겪은 적이 있고 그런 생각을 떠올린 적, 그런 느낌을 받은 적이 있을 뿐이다. 삶이란 몇 마디 말이나 논리, 철학으로 정의할 수 없는 그 모든 것을 합친 것보다 큰 무언가다. 물론 이러한 생각 또한 하나의 관념에 불과하다.

스스로를 가두는 말의 감옥에서 벗어나 탈융합^{defusion}하는 방법은 무엇일까. 긴 상담과 고단한 실천이 필요한 쉽지 않

은 과정이지만, 여기에서는 두 가지 간단한 방법을 제안하고자
한다.

하나는, 떠오르는 생각 뒤에 '생각하고 있구나' 꼬리표
붙이기다. '삶은 비참한 것이야'라는 생각은 '삶은 비참한 것이
라고 (내가) 생각하고 있구나'로, '나는 사랑받을 자격이 없는 사
람이야'라는 생각은 '나는 나를 사랑받을 자격이 없는 사람이라
고 생각하고 있구나'로 꼬리표를 붙여 바꾸는 것이다. 실제로
삶이 비참한 것이 아니라, 실제로 내가 사랑받을 자격이 없는
것이 아니라, 우리 마음이 이러한 관념들을 만들어냈으며 스스
로가 그 관념에 지나치게 몰입하고 있음을 돌아보는 것이다.

두 번째는, '그리고' 화법이다. 부정적인 관념에 융합된
사고 과정은 어제까지의 삶을 원인으로, 내일의 삶을 결과로 설
명한다. '지금까지 결과가 안 좋았던 적이 많았지. 그러니 내일
도 망칠 거야', '이제까지 사람들과 지내는 게 힘들었지. 그러니
새로운 곳에 가도 마찬가지일 거야'. 그러한 생각이 얼마나 타
당한지 생각해보면 좋겠지만, 지친 마음은 검토할 여력이 없을
수 있다.

그러니 힘든 생각이 떠오를 때 문장의 '그러니'를 '그리
고'로 고치고 그 뒤에 내가 원하는 삶의 모습을 붙이는 것이다.

　　　마음의 소독약, 노력할수록 삶이 더 불행해지는 것 같을 때

'지금까지 결과가 안 좋았던 적이 많았지. 그리고 오늘은 잘 될 거야', '이제까지 사람들과 지내는 게 힘들었지. 그리고 지금 가는 곳에서는 잘 지낼 거야' 이는 주문이나 자기 암시, 위로를 위한 말이 아니다. 나의 부정적인 믿음과 무관하게 삶은 열려 있다. '그리고'는 내가 그간 얼마나 스스로의 관념에 사로잡혀 있었는지를 되돌아보게 하며, 내 생각에 갇혀 있던 삶의 가능성을 비로소 풀어주는 열쇠다.

행복이 당장 찾아오지 않아도 괜찮다. 단지 삶이 불행하도록 만들어져 있는 건 아니라는 것, 또 반드시 행복해야 하는 것도 아니라는 것, 삶이란 그저 이어지는 것임을 이해하면 충분하다. 과거 경험으로 빚어낸 생각들에 사로잡히지 않고 지금 이 순간에 원하는 삶을 위해 전념할 수 있다면 그것으로 충분하다.

○○　　작년 한 해 동안의 날씨는 어땠을까. 가끔 비가 오고 때로 화창했다. 대부분의 날들은 날씨가 어땠는지도 모르게 그저 그런 하늘이었다. 어제 비가 왔으니 오늘은 폭풍우가 올까 걱정할 수 있다. 어제 화창했으니 오늘은 구름이 몰려올 것이라 슬퍼할 수도 있다. 다만 이는 모두 그저 생각들일 뿐이다. 답은 하나다. 그럴 수도 있고, 아닐 수도 있다.

생각해보면 우리 삶도 가끔 불행하고 때로 행복하며, 대부분 그저 그런 나날들이 이어진다. 그저 그런 날을 보낼 때, 오늘은 왜 화창하지 않을까를 고민하거나 비가 오면 어떡할지를 미리 슬퍼할 필요는 없다. 생각은 내려놓고, 화창한 날엔 소풍을 떠나고 그저 그런 날엔 그저 그런 일상을 보내고, 아쉽게 비가 오면 부침개를 구우며 살아가면 어떨까 한다.

　　　　마음의 소독약, 노력할수록 삶이 더 불행해지는 것 같을 때

6

마음의 비타민,
살아가는 맛을 유지하고 싶을 때

진정한 내려놓기에 대한 고찰

마음챙김이란 무엇인가

"그만 좀 내려놓자.""내려놓고 마음 좀 비워." 일상적으로 쓰는 말들이다. 포기하자는 말 같기도 하고 욕심을 버리자는 의미로도 들린다. 공통되는 뉘앙스는 '간절히 원했던 무언가가 있으나 이를 얻는 데 실패했으니 원하는 마음을 돌리자'쯤이 되겠다.

"지금부터 '북극곰'은 생각하지 마세요." 이 문장을 보는 찰나에 북극곰이 얼마나 많이 생각이 나는가. 사람 마음이라는 것이 그렇다. 이불을 차게 만드는 부끄러운 기억일수록 자꾸 떠오른다. 더 이상 보고 싶지도 생각하고 싶지도 않은 그가 자꾸 눈에 밟힌다. 아픈 기억은 고통의 정도에 비례하여 선명히

마음의 비타민, 살아가는 맛을 유지하고 싶을 때

기억된다. 우리에 넣으려 목줄을 잡아끌면 끌수록 뒷걸음질하는 돼지처럼 마음은 내려놓으려 하면 할수록 어지러워지게 마련이다.

돼지를 우리에 넣으려면 앞에서 끌지 않고 뒤에서 당기면 된다고 한다. 억지로 앞으로 끌 땐 뒷걸음질하던 녀석이 뒤로 당기자 제풀에 우리로 들어가는 것이다. 그렇다면 마음을 평온의 우리로 넣기 위해서 억지로 끌지 않고 뒤에서 살살 당기려면 어떻게 해야 할까.

내려놓기란 무엇인가

흔히 쓰는 '내려놓는다'는 말 속에는 금지, 억압의 의미가 내포되어 있다. 억누를수록 끓어 넘치는 것이 마음이다. 그것이 원초적인 욕망과 관련된 경우라면 더욱 그렇다. 찌개를 끓이다 국물이 넘쳐흐를 때 이를 막는답시고 뚜껑을 힘껏 누르면 어떻게 될까. 부글부글 끓어오르다 못해 터져버릴 것이다. 올바른 대처는 뚜껑을 열어 증기가 알아서 날아가버릴 동안 지켜보는 것이다. 마음도 크게 다르지 않다.

실연을 예로 들어 보자. 오늘 헤어졌다. 확률적으로 연인의 관계는 영원한 지속보다는 이별로 종료될 가능성이 더 높다. 그리고 이는 나뿐 아니라 여러 사람이 경험하는 일상적인 일이다. 처음 만난 사랑과 운명처럼 여생을 함께 할 수도 있겠지만 그런 경우가 드물기 때문에 "운명처럼"이란 미사여구가 붙는다. 사랑도, 영원의 약속도, 이별도 자연스러운 일이다. 하지만 실연한 이들은 때로 세상이 끝난 것 같은 느낌을 경험하거나 다시는 사랑할 수 없을 것만 같은 생각에 빠지거나 아무 것도 하지 못하겠다는 심한 무력감을 느끼기도 한다. 하루 종일 슬픔에 빠져 밥조차 넘기기 힘들 수도 있다.

이런 이들에게 주위에서 보통 하는 말이 '내려놓아라'가 되겠다. 그 의미를 풀어 쓰면 '그만하면 충분히 됐다, 사람 마음은 어쩔 수 없는 일이다, 다들 겪는 과정이다, 떠난 사람 생각은 그만 해라, 취미를 가져라, 일에 몰두해라, 시간이 지나면 좋아질 것이다' 정도일 것이다. 실제로 시간이 지나면 좋아진다. 하지만 그것이 이런 조언들 덕분은 아님은 조언을 하는 사람과 받는 사람 모두 안다. 따뜻한 말을 건네는 그 자체로 전해지는 온기는 중요하다. 다만 진짜 내려놓는 것이 무엇인지는 한번쯤 생각해볼 필요가 있다. 끓어오르는 찌개 뚜껑을 누르는 것이 아니라 활짝 열어주는 마음가짐은 무엇일까?

그것은 '판단하지 않는 것'이다.

마음의 비타민, 살아가는 맛을 유지하고 싶을 때

감정과 생각은 누구의 것도 아닌 내 것

이별한 후 여러 가지 판단이 시작된다. 우리의 관계는 무엇이었는지, 최선을 다했었는지, 진심으로 아끼고 사랑했는지, 실수한 것은 없었는지. 완벽할 수 없는 것이 인간임에도 완벽하지 못했던 티끌들을 복기하고 괴로워한다. 상대방에 대해 판단하고 인생에서 다시 만나기 힘든 좋은 사람을 바보같이 놓쳤다며 슬퍼한다. 서로에게 몰입하는 데 방해가 되었던 세상의 장해물들에 대해 판단하고 비난한다. 이러한 판단 내지 평가들은 일견 매우 객관적으로 보일 수 있으나 실은 절망의 감정에 매몰되어 부정적으로 편향된 경우가 많다.

좋다. 판단하지 않기로 하자. 그러면 앞서의 일상적인 예들과 마찬가지로, 판단하지 않기로 할수록 그러한 생각들이 더욱 계속 떠오르지 않을까? 이를 테면 그 사람에게 잘해주지 못했던 일들을 더 이상 생각하지 않기로 했을 때 그 생각들이 더욱 떠오르게 마련 아닌가 말이다.

그래서 '판단하지 않는 것'의 형태를 조금 더 세심하게 살펴봐야 한다. 이는 떠오르는 생각을 억누르는 것이 아니라 '떠오르는 생각을 붙잡지 않는 것, 흘러가게 두는 것, 가치판단을 하지 않는 것'을 의미한다. '그에게 못해줬던 일을 더 이상

240

생각하지 말자!'가 아니라 '못해줬던 일들이 생각나네'라고 흘려버리는 것이다. 여기서 중요한 것은 생각의 주체가 '나'임을 자각하는 것이다. 지금 당장 슬프고 힘들어 죽겠는데 그게 무슨 대수냐고? 생각과 감정의 주체를 찾아와야 한다. 내가 느끼는 기분, 머릿속에 떠오르는 생각은 하늘에서 밀려오듯 덮쳐드는 것이 아니다. 내 마음속에서 피어난 것이며, 내 것이다. 그것에 빠져들 권리도, 거리를 두고 바라볼 권리도 온전히 내게 있다. 이를 인식해야 한다.

다시는 사랑하지 못할 것 같다는 '생각이 나는구나', 그를 그리워하는 '생각이 떠오르는구나', 소중한 사람이 떠나갔으니 슬픈 마음이 '느껴지는구나' 하며 마치 뚜껑을 열어젖힌 냄비에서 수증기가 날아가듯 생각이나 감정이 증발하기를 기다리는 것이다. '그런 생각을 하지 말아야 해'라는 생각에 이미 판단이 들어 있다. '이런 생각은 내게 부정적인 거야, 나를 괴로운 상태로 이끌 거야, 그만두지 않으면 계속 슬픔에 빠질 거야'라는 판단 말이다. 모든 생각과 감정은 자연스러운 것이다. 그런 생각이나 감정을 붙잡고 '나쁜' 것으로 판단하여 스스로를 한 번 더 괴롭힐 필요는 없다.

마음챙김은 판단을 미루는 것이다

삶은 스테이지를 클리어하지 못하면 중단되는 게임이 아니다. 인생의 항로는 길기에 단 하나의 우여곡절도 없을 가능성은 확률적으로 너무나 낮다. 좌절을 느낄 때마다 부정적인 감정을 덧칠하다 보면 어느 순간부터는 힘든 일 자체보다 그것을 바라보는 나 자신의 마음, 대하는 태도 때문에 힘들 것이다.

오늘의 고난이 미래에 어떤 멋진 순간의 밑거름이 될지는 지금은 알 수 없다. 심지어 결국 지금의 고통은 그저 고통일 뿐이었음을 시간이 지나 알게 되더라도 이를 돌아보는 미래의 나는 예측할 수 없는 전혀 다른 행복에 젖어 있을지도 모른다. 조금만 판단을 미루자. '안타깝지만 이런 일도 삶에서 일어났구나, 힘든 마음이 드는구나, 슬프구나' 하고. 이는 굳이 좋은 쪽으로 억지로 생각하는 것과도 다르다. 그저 흘려보내는 것이다. '나는 나약한 사람이야, 부족한 사람이야, 사랑 받을 자격이 없는 사람이야, 큰 잘못을 저질렀어' 같은 부정적인 판단들은 충분히 시간이 지난 다음, 적어도 객관적으로 스스로를 돌아볼 수 있을 만큼은 회복된 후 해도 늦지 않다.

그래서 레지던트 시절 은사님께서는 이런 표현을 쓰셨다. "마음챙김 mindfullness 은 결국 판단을 미루는 것이다." 힘든 일을 겪으며 은연중에 스스로에 대해 부정적인 판단을 반복하진 않는지 혹은 불편한 감정이나 생각이 마음을 휘젓도록 허락하는 중은 아닌지 돌아보는 것은 마음에 대한 예의이다. 내 마음의 주인은 나다. 소유는 누릴 권리와 함께 가꾸고 돌볼 의무를 수반한다. 때론 자신의 마음을 지켜주고 돌봐주자. 굳이 불편한 생각을 막을 필요는 없다. 내가 이런 생각을 하고 있구나, 이런 마음을 가지고 있구나, 알아주는 것만으로도 충분하다.

⌒⌒ 완벽하지 않다는 것은 잘못된 것일까? 우리는 모두 불완전하다. 살아가며 곡절을 경험하는 것은 우리가 부족하고 모자라서일까? 모든 것이 생각대로 이루어지는 삶은 없다. 때로 부정적인 감정과 생각에 사로잡히는 것은 우리가 잘못되고 있다는 증거일까? 그렇다기보다 이는 불완전한 우리가 모든 것이 마음대로 이루어지지 않는 삶을 살아가며 느끼는 자연스러운 일이다.

우리가 불완전하다는 것, 때로 삶은 마음대로 흐르지 않는다는 것, 그렇기에 원치 않는 감정과 생각이 찾아올 때가 있다는 것. 이를 받아들이는 것이 내가 생각하는 '내려놓기'다.

마음의 비타민, 살아가는 맛을 유지하고 싶을 때

오늘을 산다는 것이
어째서 행복일까

마음챙김이 들려주는 지금, 여기의 행복

마음챙김을 소개하는 모 인기 팟캐스트를 들은 적이 있다. "지금 내가 무엇을 하고 있는지를 알아차리고 오늘을 살 때 행복해집니다." 이에 한 패널이 의문을 던졌다. 대사는 구체적으로 기억나지 않지만 다음과 같은 내용으로 기억한다. "네? 지금 내가 무엇을 하는지 아는 거요? 오줌을 쌀 때 오줌을 싸는 줄 알죠. 우리가 오늘을 살고 있는 그거는 그냥 당연한 거 아닙니까?"

오늘을 산다, 오늘을 살아야 행복하다, 찬찬히 따져보면 무슨 말일까 의문이 든다. '지금 살고 있는 것이 오늘이지 어제인가, 당연한 말 아닌가'라는 생각이 들기도 하고 오늘을 사는 것과 행복이 도대체 무슨 상관인가 싶기도 하다.

마음의 비타민, 살아가는 맛을 유지하고 싶을 때

폭행, 큰 사고 등 죽음의 위협을 겪은 외상 후 스트레스 장애post traumatic stress disorder(이하 PTSD) 환자들의 초기 치료법 중 하나로 착지grounding 기법이 있다. PTSD의 주요 증상인 재경험, 플래시백flashback은 이미 끝난 사고 상황을 그대로 다시 경험한다고 느끼는 증상이다. 실제로 폭발사고로 눈앞에서 동료들이 죽어가는 것을 목격한 환자가 있었는데 증상이 심해 상담 도중 갑자기 사고 장면이 눈앞에 보인다고 하더니 이내 소리를 지르며 의사소통조차 힘든 해리dissociation 상태에 빠지기도 했다.

그때 환자에게 지금 당신이 사고 장면 속에 있지 않고 바로 지금, 여기 상담실에서 주치의와 대화를 나누고 있음을 깨닫게 해주는 것이 착지다. 심리적 외상의 기억이 너무 강렬한 나머지 그 상처가 할퀸 뇌는 고장 난 라디오처럼 시시각각 그 장면을 틀어댄다. 그 불안과 공포에 무작정 휩쓸리지 않는 방법은 지금 내가 어디에 있는지를 알아차리는 것이다. 지금 내 앞에 누가 있고 무슨 이야기를 하고 있었으며 발이 땅에 닿고 엉덩이와 등이 의자에 닿은 느낌, 어느 방에 있고 귀에 어떤 소리가 들리는지를 세세히 돌아본다. 그리하여 그때 그 끔찍한 순간들은 이미 지나간 과거의 일이고 나는 그때가 아닌 지금, 여기에 있음을 깨닫는 것이다.

지금, 여기에 존재하는 법

PTSD의 증상처럼 강렬하진 않지만 우리도 끊임없이 과거를 반추하고 미래를 걱정한다. 살면서 좋았던 일들도 하나 둘쯤 분명 있었으련만 과거에 안 좋았던 일, 앞으로 안 좋을 일 들만이 머릿속을 가득 채운다. 길을 걸으며 아침에 부모와 다퉜 던 생각을 하고 지하철에 몸을 실으며 주식이 떨어지진 않을까 걱정한다. 저절로 찾아오는 생각들이 기뻤던 순간, 즐거웠던 추 억에 관한 것이라면 좋을 텐데 마음이 흐르는 원리는 그렇지 않 은 듯하다.

'그때 그렇게 했어야 하는데, 조금 더 잘할 수 있었는 데'라며 과거를 후회하는 마음, '이번에는 정말로 합격해야 하는 데, 이번 일은 잘 풀려야 하는데'라며 미래를 걱정하는 마음, 이 는 '틀리거나 잘못된' 생각이라기보다 '비효율적인' 생각이다. 지난 시간들을 자꾸만 떠올리며 후회한다고 해서 이를 바꿀 수 는 없고, 부정적인 미래를 걱정한다고 원하는 미래를 살 수 있 는 것도 아니기 때문이다. 오히려 반대다. 우리는 우리가 어찌 할 수 없는 지나간 시간, 오지 않은 시간에 사로잡혀 흐르는지 도 모르게 저절로 흘러가는 중인 지금의 소중한 시간들을 잃어 버리고 있다.

마음의 비타민, 살아가는 맛을 유지하고 싶을 때

후회만 남긴 과거를 떠올리는 것은 생물학적으로 뇌가 지나간 아픔을 그대로 다시 한 번 겪는 것과 같다. 마찬가지로 아직 오지 않은 불행을 상상하는 데 몰입하는 것 또한 겪을지 안 겪을지 모르는 고통을 뇌가 미리 경험하는 것과 같다. 어쩔 수 없이 경험해야 할 상처라면 누구라도 한 번만 겪기를 원할 것이다.

그렇기에 아픈 과거와 걱정스런 미래가 아닌 지금, 여기를 생각할 때, 뇌도 쉰다. 지금 행복할 수 있는 사람이 앞으로도 행복하다는 말이 있다. 이를 조금 부연한다면 다음과 같다. 과거에 대한 후회와 미래에 대한 걱정이 무의미함을 깨닫고 지금 행복에 몰입할 수 있는 사람이 앞으로도 행복하다.

지금, 여기에 존재하는 방법으로 마음챙김은 '알아차리기'를 제시한다. 예컨대 출근길에 어제의 실수가 자꾸 생각나거나 공부하려고 도서관에 있으면서도 하반기 공채 걱정에 집중이 되지 않을 때 어떻게 하면 좋을까. 보통은 억지로 과거나 미래에 대한 의미 없는 생각을 하지 말자고 머리를 쥐어뜯지만 마치 억누를수록 터지는 욕망처럼 걱정은 더 깊어간다.

그 대신 '지금, 여기의 내가' 과거를 후회하고 있구나, 어떻게 될지 모르는 미래 걱정에 빠지고 있구나, 라고 알아차려

보면 어떨까. 한 발자국 벗어나 다른 사람의 시선으로 나를 바라보듯 내 생각과 감정이 지금 이렇다는 것을 관찰하여 '알아차리는' 것이다.

그러다 보면 깨닫게 된다. 당연히 오늘을 산다고 생각하며 살아왔는데 실은 그동안 얼마나 과거와 미래에 사로잡혀 있었는지. 어제와 내일이 가득 찬 마음에 오늘이 들어올 틈은 없다. 오늘 하루가 행복한 기억으로 남으려면 마음을 청소하고 지금, 여기의 기쁨을 위한 자리를 마련해야 한다.

근심이 없는 상태가 행복은 아니다

돌아보면 아쉬운 연애 기억이 있다. 개인적인 사정으로 한참 일 걱정, 미래 걱정이 많았다. 데이트를 나가서는 해결해야 할 일을 걱정했고 일을 하면서는 틀어진 사이를 고민했다. 당연히 관계를 잘 이어나가긴 어려웠다. 그리하여 헤어진 것이 아쉽다는 얘기를 하려는 건 아니다. 비록 일에 치이고 사람에 괴로웠더라도 함께하는 시간만은 집중했어야 했는데 그러지 못한 것이 아쉽다. 짧은 만남의 시간 동안 나는 그날 입원환자의 불만을 다독이느라 진땀을 빼던 장면이나 다음 날 해결해야 할 서류 정리를 떠올리는 대신 그의 눈을 한 번 더 바라보고 그가 하

마음의 비타민, 살아가는 맛을 유지하고 싶을 때

는 이야기에 귀를 기울였어야 했다. 겨우 2시간 남짓의 데이트 시간을 소중히 보낸다고 해서 모든 걱정이나 고민이 사라지진 않았을 것이다. 그러나 그 시간에 충분히 몰입했다면 어떻게 흘러갔는지도 잘 기억이 나지 않은 그 시절이, 좋은 추억으로 남았을 것이다.

'아, 이 역시 과거에 대한 후회일 뿐'이라는 생각이 드니 문득 지금 글 쓰는 동안 곁에 둔 차의 향이 전해진다. 아픈 과거를 떠올리다가도 지금의 작은 아름다움을 알아차리며 꽤 기쁠 수 있는 것이 사람 마음이다.

이번엔 다른 이야기를 꺼내볼까 한다. 동기 형과 아이 키우는 마음에 대해 이야기한 적이 있다. '아이는 열심히 살게 하는 동기부여가 된다, 잘해줘야 한다는 부담이 든다'에서 시작해 이내 드라마 〈스카이캐슬〉 이야기가 나오고 '요즘 세상에는 애 하나 번듯하게 키우기도 쉽지 않더라, 그 학교 학비는 얼마라더라, 아이 한 명당 키우는 돈을 계산하면 얼마라더라'로 대화가 상투적으로 흐를 때쯤 형이 흥미로운 이야기를 했다.

"우리가 상담하면서 환자들에게 '현재에 충실하라'는 이야기를 많이 하잖아. 그런데 아이를 키우다 보면 저절로 그렇게 될 때가 있어. 아이들은 자기 냄새가 있거든. 늦게 들어오면 아이가 자고 있는데 그 옆에 누워서 냄새를 맡고 있으면 다른 생각이 안 나. 운전하거나 걸어 다닐 때는 논문 걱정, 환자 생각, 해야 할 일이 떠올라서 머리가 복잡한데 자는 아이 옆에서는 아무 생각 없이 그냥 참 좋아."

아이의 귓볼 내음에 행복해한다고 해서 대출금리가 내려가는 것은 아니다. 자는 모습이 눈물겹도록 예쁘다는 것을 느낀다고 해서 아이의 성적이 오르는 것도 아니다. 그러니 큰 부자가 되기 전까지, 아이가 명문대에 합격할 때까지 천사처럼 잠든 아이 옆에서 한숨만 쉬어야 할까? 모든 근심이 해결된 상태와 행복은 별개이지 않을까? 어차피 한정된 시간이 주어진 삶에서 잠든 아이 얼굴의 고요함에 빠져들고 머리칼을 쓰다듬을 수 있다면 그 20분만큼은 온전히 행복하다고 말할 수 있을 것이다.

∩∩ 마음은 애초에 그것이 만들어진 원리 때문에 자주 옛 생각에 슬프고 미리 걱정한다. 그래서 지금, 여기에 일어나는 일을 곧잘 놓친다. 그중엔 우리가 행복이라 부르는 것도 있다. 과거 때문에 속상해하고 있구나, 미래 때문에 걱정하고 있구나, 그리고 지금 내 곁에 행복도 있구나, 하고 마음에 속삭인다면 마냥 흘러가기만 하던 행복도 조금씩 곁에 고일지 모른다.

마음의 비타민, 살아가는 맛을 유지하고 싶을 때

억지로 좋게 보기가 아닌
있는 그대로 보기

긍정의 진짜 의미가 전하는 위로

사춘기와 입시 스트레스가 겹쳐 세상이 예쁘게만 보이지 않던 고등학교 시절 '긍정적'이란 말이 싫었다. 한 문제 차이로 인생이 달라질 (것이라 믿었던) 냉혹한 현실 앞에서 그저 '잘 될 거다, 괜찮을 거다'란 말이 공허했다. 좋은 말로 스스로를 안심시키기보단 영단어 하나를 더 외우는 것이 중요하다고 생각했다.

기억에 남는 친구 하나가 있다. 그 친구는 나에 비해 참 태평했다. 입에 달고 다니던 말이 "뭐 어쨌든 잘 되지 않을까?"였다. 흔한 '잘 될 거야'란 말 아래 으레 숨어있는 잘 되지 않으면 안 된다는 두려움, 초조감 가득한 억지 확신이 전혀 느껴지지 않았다. 톤이 달랐다. '이왕이면 잘 되는 게 나으니 그렇게 되지 않

마음의 비타민, 살아가는 맛을 유지하고 싶을 때

을까?' 정도의 느낌이었다. 당연히 근거는 없는데 어딘지 모르게 힘이 느껴졌었다. 잡히지 않는 미래 때문에 시시각각 불안하던 나로서는 그 편안함이 부럽기도 했고, 그 이상으로 의아했다.

하루는 물어봤다. 갈 대학이 결정된 것도 아니고 너나나나 고만고만한 집안 사정에 딱히 믿는 구석이 있는 것도 아닌데 왜 그렇게 마음이 편안한지. 심드렁한 대답이 돌아왔다. "점수야 한 만큼 나오겠지 뭐. 그건 내 맘대로 안 되는데 생각이라도 내 맘대로 하는 게 낫지 않아?"

행복에도 자격이 필요할까

지금의 자기 자신을 긍정하는 것은 현실에 안주하는 것으로, 안주는 도태로 이어진다는 두려움이 우리 마음속 깊은 곳에 자리 잡고 있다. 집을 구하기는커녕 월세도 버겁고 취직은 까마득하기만 하고 사랑도 마음대로 안 되고 뭐 하나 잘난 것도 하나 없는데 그래도 삶은 괜찮은 거야 생각해버리면, 앞으로도 지금처럼 그저 그런 삶을 살게 되지 않을까. 오늘의 형편없음을 충분히 되새기고 스스로를 부정하며 노력해야 살림살이가 조금 나아지지 않을까. 그렇게 마음을 채찍질한다. 오늘을 있는 그대로 받아들이겠다는 것은 곧 변화하지 않고 안주하겠다는 의미,

오늘의 고통이 그대로 이어지는 것을 바라만 보겠다는 의미와 이어져 우리에게 두려움을 유발한다. 그렇기에 더 나아지고 싶고, 오늘의 고뇌에서 벗어나고 싶은 우리는 늘 긍정 대신 부정으로 마음을 채운다.

나도 그랬다. 예전에 나는 늘 나 자신을 바쁘게 내몰았다. 당시 나는 '지금의 내 모습을 긍정해버리면 더 이상 발전이 없지 않을까, 뒤처지는 건 아닐까' 하는 두려움을 안고 있었다. 그 두려움의 근원을 거슬러 오르니 마음 안에 '행복에 필요한 자격'을 상정하고 있었음을 깨달았다. 이를테면 좋은 성적을 얻고 괜찮은 대학에 진학하며 안정적인 직업을 얻고 가정을 꾸린다는 목표, 그 정도의 삶은 살아야 행복을 누릴 자격이 있다고 생각했던 것이다.

그래서 그러한 삶에 다다르기 전엔 스스로가 행복할 권리를 획득하기 전의 미완성 상태라고 간주했다. 지금 느껴야 할 행복을 계속 미뤘다. 오늘의 고통은 내일의 행복을 위한 것이므로 지금 찰나의 즐거움을 과감히 포기하고 더 열심히 나를 채찍질해야 한다고 생각했다. '미래가 이렇게 불확실한데 내가 감히 이런 행복과 안도를 느낄 자격이 있는 걸까?'란 생각에, 내일에 대한 두려움에, 오늘 내 삶에 깃든 행복을 멀리해야 한다는 강

마음의 비타민, 살아가는 맛을 유지하고 싶을 때

박에 시달리며 살아왔다. 그러다 보니 언젠가부터 삶은 끊임없는 자기부정과 이를 벗어나려는 몸부림의 연속이 되었다.

그럴 수도 있겠다고 여기는 마음

세상은 소수의 그럴듯한 성공에 갖은 찬사와 보상을 선사하지만 미흡하다고 여겨지는 결과물에는 '충분히 성실하지 못해서 그렇다, 능력이 모자라서 그렇다, 진심이 아니었기 때문이다'라며 부적절하고 부정적인 프레임을 덧씌운다.

타인의 시선을 제쳐두고 스스로를 바라보면 이해하지 못할 모습은 의외로 적다. 좋고 나쁨의 평가, 이 정도는 되어야 한다는 당위를 내려놓고 있는 그대로의 내 모습을 하나하나 되돌아보면 스스로를 그럭저럭 이해해줄 수 있다. 비록 세간의 기준에 미흡해보일지 몰라도 오늘의 나는 나의 최선이었다고.

긍정의 사전적 의미를 찬찬히 살펴보자. 긍정이란 단어의 본뜻은 '좋지 않은 것을 억지로 괜찮게 바라보자'는 것이 아니다. 긍정은 한자로 '옳이 여길 긍肯', '정할 정定'이다. '옳이 여길 긍'에는 '즐기다, 들어주다'의 뜻도 있다. 찬찬히 들어주고 충분히 이해해서 '그럴 수 있겠다'고 여기는 것이 긍정이다.

잘 들어주고 이해해서 그럴 수도 있겠다고 여기는 마

음. 야속하게도 세상은 지극한 평범함을 두고 괜찮다, 그럴 수도 있겠다고 이야기해주지 않는다. 하지만 나는 알고 있다. 아직 대단하진 않지만, 그럴듯하다고 하기엔 모자라지만 오늘까지 얼마나 열심히 살아왔는지. 실패도 있었고 세상에 데이고 상처받았으나 얼마나 사랑했었고 또 얼마나 울었으며 얼마나 치열하게 삶을 고민했는지.

오늘의 나를 '부정'하고 냉정히 독려한다고 해서 갑자기 잘생겨지거나 돈이 많아지는 건 당연히 아니다. 마찬가지로 스스로에 대한 채찍질을 멈추고 있는 그대로 바라본다고 해서 모자람이 더욱 심해지거나 삶이 정체되는 것도 물론 아니다. 미흡하거나 마음에 들지 않는다고 해서, 원하는 나와 오늘의 내가 다르다고 해서 구태여 부정하기보단 있는 그대로의 나를 바라봐줘도 괜찮지 않을까. 어차피 달라질 건 없다. 스스로를 부정하는 마음으로 굳이 옥죄지 않아도 우리는 우리가 원하는 모습으로 나아가기 위해 오늘도 노력할 것이다.

첫 취직 후 고향 친구들과 계모임을 시작했다. 누구는 모태 부잣집 자식이고 누구는 부모 도움 없이 자수성가했다. 직장으로 말할 것 같으면 박사를 따고 연구원을 하거나 국밥집의 대를 잇거나 한다. 평생을 화려한 솔로로 남겠다던 친구는 부모

마음의 비타민, 살아가는 맛을 유지하고 싶을 때

의 반대를 무릅쓰고 결혼을 했고 다시 홀로 된 친구는 외로운 해방감을 즐긴다. 이른 나이에 애를 낳은 녀석은 예전엔 고생이 안쓰럽더니 아이들이 크고는 여유를 자랑한다.

애나 어른이나 친구들이 모이면 똑같다. 밥 먹고 뭘 할까, 스크린 야구를 칠까 맥주를 한잔 더 할까 고민한다. 두 시간 남짓 치면 1차 식비 정도는 나오는 야구비가 그리 걱정되지 않을 땐 '우리 그래도 꽤 열심히 살았구나' 속으로 생각한다. 너와 나의 삶에 맞고 틀림은 없다. 미주알고주알 넋두리를 나누다보면 '그래, 그럴 수 있겠구나, 너도 나도 그렇게 살아가는구나' 그렇게 긍정하며 위로를 나눌 뿐이다.

○○　오늘의 나를 '긍정'한다고 해서 크게 달라지는 건 없다. 잠깐 스스로를 인정하고 이해해준다고 해서 다 놓아버릴 수 있을 만큼 삶의 과제들은 만만치 않기에 우리는 어차피 열심히 살거나 고뇌할 것이다. 그저 한번만 돌아볼 수 있다면 충분하다. 삶이 긴 이유는 처음부터 모든 걸 갖춘 채 살아가기보다 살아가며 나 자신을 차근차근 채워보라는 의미일지도 모른다. 나와 내 삶을 그럴 수도 있겠다며 긍정한다면 미우나 고우나 이것이 내 삶이라고 스스로를 쓰다듬는 한마디, 이 삶을 살아가는 나에게 고생 많다고 진심 어린 위로 한마디를 건넬 수 있지 않을까 싶다.

자기 이해가 선물하는
마음의 자유

자존심과 자존감

내 어린 시절은 타인과의 비교를 통해 괜찮음을 확인하려 드는 과정의 연속이었다. 어떻게 살아야 할지, 어떤 삶이 괜찮은 삶인지 궁금해하던 내게 세상은 '옆자리 학생보다 더 잘하면 된다, 그것이 괜찮은 인생이다'라는 해결책을 알려주었다. 그래서 그렇게 했다. 한 학급, 한 학년 내에서 꽤 내세울 만한 성적을 받았고, 이를 넘어 한 동네, 한 도시의 입시생 전체와 경쟁했다. 점수로 순서를 매길 때마다 까마득히 높이 있는 경쟁자들이 수두룩했고 나는 끊임없이 위를 보며 '그들보다 더 나은 성적을 받겠다'는 목표를 향해 매진했다. 그때의 내게 괜찮은 삶과 그렇지 않은 삶을 재단하는 기준은 '점수'였다.

마음의 비타민, 살아가는 맛을 유지하고 싶을 때

그럭저럭 입시를 마치고 의대에 진학했다. 비로소 비교의 굴레에서 벗어나 탄탄대로를 걸을 것이란 희망은 이내 신기루처럼 사라졌다. 진정한 '비교'는 입학 이후부터 시작이었다. 유복한 아이들은 정말 흔했고 이름을 대면 알만한 고위공무원, 대형병원의 원장을 부모로 둔 동기도 심심찮게 있었다. 평범한 가정에서 태어나 경제적인 여유는 다소 부족한 동네에서 자란 내게는 너무 낯선 환경이었다. 시험 점수만으로 서로를 비교하던 수험생 때가 순진했던 거였다는 생각이 들었다.

그들이 갖춘 재력, 사회적 지위, 자연스레 묻어나오는 여유와 안정감에 질투가 날 때면 그래도 세상은 공평하다는 증거를 찾고자 외모, 운동능력, 성격 등 무엇 하나라도 내가 나은 부분을 찾아 마음속에서 홀로 저울질했다. 그러나 특별히 나을 것도 없고 어떻게든 괜찮음을 확인하려 비교를 반복하는 나 자신의 모습이 치졸하게 느껴져 또다시 좌절했다. 타인과의 경쟁에서 우위를 점하며 오늘의 '괜찮음'을 확인하던 수험생 시절의 삶의 원리는 더 이상 작동하지 않았다. 막다른 골목에 몰린 느낌이었다.

자존심의 악순환

자존감^{self-esteem}의 사전적 정의는 '스스로 품위를 지키고 자기를 존중하는 마음'이다. 자존감과 같은 듯 묘하게 다른 말이 자존심이다. 전자가 홀로 충만한 느낌이라면 자존심은 어딘지 모르게 경쟁적인 인상이다.

사전을 보니 자존심^{pride}은 '남에게 굽히지 아니하고 자신의 품위를 스스로 지키는 마음'이라 되어 있다. 뜻만 보면 대동소이해 보인다. 미묘한 뉘앙스의 차이는 '남에게'라는 단어에서 온다. 타인과의 '비교를 통해' 우월감을 느끼는 것이 자존심이다.

자신의 가치관을 확립하고 삶의 방향을 세우기 전부터 우리는 사회적 요구에 무방비로 노출된다. 스스로만의 행복을 정의 내리기도 전에 행복이라 제시된 길, 이를 가져다줄 것이라 주입된 길을 걸으며 고통을 감내한다. 부모의 바람, 대학 커트라인을 따라 우수한 성적을 추구한다. 사회통념에 따라 돈을 벌며 명품 의류와 외제차를 소망한다.

다른 사람들이 원하는 것을 나도 바라는 게 무엇이 문제일까. 좋은 집은 누가 살아도 좋은 것 아닌가. 문제는 만족의 기준이 외부에 있다는 것이다. 자존감과 달리 자존심은 비교 우위를 통해서만 충족된다.

집 평수를 결정할 때 가족의 경제 사정이나 라이프스타일만큼 중요하게 작동하는 요인이 통념이다. 신혼집을 원룸으로 하려면 왠지 주위의 시선이 부담스럽다. 좁은 땅덩어리에 비해 대형차는 이상하리만치 많이 팔린다. 티브이와 냉장고의 크기를 고를 때 가장 참고가 되는 것은 친구네 집의 그것들이며 충분히 쓸 만한 휴대전화도 유행이 지나면 바꿔야 할 것만 같다.

타인의 욕망을 욕망하는 것의 결과는 일시적인 안도와 만성적인 공허의 반복이다. 집값이 올라 회사 동기 중 최고의 부자가 되어도 회장님보다는 가난하다. 우리 회사 회장님보다는 이재용이, 그보다는 빌 게이츠가 더 부자다. 외부의 가치는 상대적이기에 온전한 만족은 어렵다. 마음은 갈구와 체념 그 사이 어디쯤을 부유한다.

공허감을 채우려 사람들은 내가 이미 성취한 욕망을 다른 이들도 욕망하기를 바란다. 취직은 해야지, 집은 있어야지, 연봉은 이 정도는 되어야지. 나보다 아직 덜 갖춘 이들을 보며 자존감의 빈자리에 자존심을 채운다. 일시적인 우월감을 느낀 후에 더 큰 허전함이 밀려온다. 어느 기준에라도 도달한다면 다행이다. 갖추지 못한 이들은 그 이유만으로 박탈감을 느껴야 한다. 악순환이다.

스스로 온전히 존재하는 느낌

이상향과 현실의 괴리로 힘든 이들이 늘수록 자존감이 주목받는 것은 당연하다. 자존감은 온전히 내 것이며 외부 시선과는 무관하게 스스로를 인정하고 존중하는 것이기 때문이다.

자, 그렇다면 지금부터 나 자신을 있는 그대로 존중하기로 해보자. 지당하고 거창한 말인데 현실은 달라지지 않는다. '그걸 몰라서 못할까?'라는 반문이 든다. 스스로를 무작정 인정하자니 말은 좋은데 그럴 만한 구석이 있으면 더 좋을 것 아니냐는 반감도 든다. 여우가 먹지 못하는 포도를 시다고 폄하하는 것처럼 가지지 못한 것들을 애써 외면하는 일종의 정신승리 같기도 하다.

그래서 조금은 돌아서 자존감에 다가가보려 한다. '자기 이해'를 통해.

마음에는 타인의 기준, 사회통념과는 관계없이 내게 기쁨을 안겨주는 소중한 것들이 숨어 있다. 자기 이해는 굳이 다른 사람과 비교하지 않아도 충분히 내게 가치 있는 것들을 찾아

마음의 비타민, 살아가는 맛을 유지하고 싶을 때

나서는 여정이다. 이를 위해서는 다른 사람들과 나를 비교하는 마음을 잠시 멈추어야 한다.

잠깐이라도 나와 다른 사람을 견주어보는 것을 멈추기란 참 어렵고도 불안한 일이다. 하지만 조금만, 5분만이라도 다른 생각을 멈추고 떠올려보자. 좋아하는 음식. 멋졌던 시간. 잊히지 않는 추억. 마지막으로 감사했던 일. 그리고 사랑하는 사람.

그중 하나를 골라 조금 더 세세하게 회상해보자. 일주일만의 치팅데이에 시킨 순살양념치킨. 연습을 아무리 해도 허접하지만 그럭저럭 마친 동아리 공연. 연습 때만 넣다가 처음 게임에서 성공한 3점 슛. 구직 스터디 사람들과 마시는 맥주 한 잔. 상사가 휴가라 마음 놓고 칼퇴 하는 길에 만난 노을. 20년 지기들과 펜션에서 구운 바비큐. 타이밍 좋게 도착하는 시내버스. 용돈을 모아 산 프라모델 택배. 일주일을 기다리면 만날 수 있는 그 사람.

그것들이 일상에 들어올 때 잠시나마 설렌다. 막연하지만 '행복하다'고 느낀다. 비로소 마음을 옥죄던 세상의 기준들에서 그 순간만큼은 해방된다. 마음을 떠나지 않는 취업 걱정, 직장의 시름, 신경 쓰이는 사람들에서 벗어난다.

사전적 정의, 학문적 고찰을 넘어 자존감이란 단어 자

체를 살펴보면 '스스로 온전히 존재하는 느낌'이라는 의미를 담고 있다. 남몰래 좋아하는 그를 떠올릴 때, 처음으로 만들어본 떡볶이가 맛있을 때, 아껴 쓴 월차로 떠난 곳의 야경이 눈물 나게 아름다울 때, 그 느낌만큼은 어느 다른 누구의 감각을 따르는 것이 아닌 오롯이 나만이 느끼는 감동이다.

다른 무엇보다 값져서 가치 있는 것이 아니라 존재하기에 소중한 것들이 있다. 삶에서 그것들을 발견하고 감동할 때 우리는 자존한다. 이러한 작은 기쁨 쪽으로 삶의 시선을 돌릴지 말지는 온전히 내 선택에 달렸다.

뒤처지는 것 같아 걱정되고 자신을 믿지 못해 고민이라면 먼저 스스로를 이해해주면 어떨까. 마음을 차분하게 하는 음악 한 곡, 잊지 못할 영화의 한 장면, 세월이 지나도 그리운 그 순간. 기준이 아닌 '취향'으로 시작하는 자존감이다. '취향입니다, 존중해주시죠'라고 굳이 이야기하지 않아도 된다. 그것만큼은 스스로 이해하고 존중하면 된다.

얼마나 좋은 차를 타고 비싼 집에 사는지는 세상의 기준에 나를 얼마나 잘 맞추었는지를 알려준다. 언제 기쁘고 슬프며 어떤 이를 사랑하는지는 내가 누구인지를 알려준다.

마음의 비타민, 살아가는 맛을 유지하고 싶을 때

행복을 주는
고릴라 알아보기

지속적 부주의에 의한 맹목

한 심리학도가 실험을 준비했다. 피험자들에게 농구경기 장면을 보여주며 패스가 몇 번 오고 갔는지를 세어보라고 요구한다. 화면 재생이 끝나고 참가자들은 의기양양하게 오고 간패스 횟수를 보고한다. 실험자가 다시 주문한다. "한 번 더 영상을 보시되 이번에는 패스 횟수는 신경 쓰지 마세요." 같은 영상이 다시 재생된 지 얼마 지나지 않아 피험자들은 어안이 벙벙해진다. 농구 코트 한가운데 커다란 고릴라(분장을 한 사람)가 활개를 치고 있는데도 이를 첫 재생 때 알아챈 사람은 아무도 없었다.

광고나 유머 소재로도 활용되어 유명한 대니얼 사이먼스Daniel J. Simons의 '지속적 부주의에 의한 맹목sustained inattentional blind-

마음의 비타민, 살아가는 맛을 유지하고 싶을 때

지금 눈을 감고 생각을 멈춘 채 주변에서 들리는 소리를 다섯 가지만 찾아내보자. 컴퓨터가 돌아가는 소리, 누구의 것인지 모를 기침과 발자국 소리, 온풍기 소리, 문을 여닫는 소리. 주변이 적막하다고 생각했는데 온갖 소리가, 그것도 꽤나 큰 볼륨으로 가득하다는 것을 알게 된다. 집중하면 이렇게 잘 들리는 소리들을 어떻게 우리는 없는 것처럼 느낄까. 그것은 뇌가 자극을 선택적으로 거르기 때문이다.

뇌는 행복이 아니라 효율을 추구한다

보고 듣는 것을 비롯한 우리의 신체 감각, 즉 오감으로 세상을 해석하는 것은 매우 피곤한 일이다. 심리적으로도 그렇지만 생리적으로도 그렇다. 뇌는 활동의 에너지원으로 양질의 포도당만을 소비한다. 불필요한 자극을 받아들이고 해석하기 위해 에너지를 소모하는 것은 유기체 입장에서 매우 비효율적인 일이다. 또한 바깥에서 들어오는 감각 정보들을 모두 처리해 인식하기엔 뇌의 정보처리능력이 턱없이 부족하다. 시시각각 오감을 자극하며 쏟아지는 세상의 정보에 일일이 반응하다간 노이로제에 시달리고 말 것이다.

그래서 뇌는 자극을 적절히 여과해 선택적으로 반응한다. 아무리 고릴라가 코트 한가운데서 날뛰어도 몇 번의 패스가 오고가는지에 집중하는 뇌는 공의 움직임만을 주시한다. 여러 조건을 반영해 덜 중요한 자료를 거르고 원하는 정보만을 화면에 띄워주는 포털 사이트의 검색 필터링과 같은 작업이 뇌에서도 일어난다. 뇌는 현저성salience를 띠는 자극, 즉 스스로 인식하기에 중요한 자극에 집중할 때 상대적으로 덜 중요한 자극에 대한 인식은 약화시킨다.

예컨대 학교에서 친구와 이야기를 하다 남몰래 좋아하는 그를 마주쳤을 때의 느낌은 어떠할까? 그를 만나기 전 친구와 나누던 시답잖은 이야기 따위는 이제 귀에 잘 들리지도 않을 것이다. 매력적인 그 이외의 다른 풍경들은 내 시야에서 흐려지고, 몸은 여전히 친구와 대화를 나누는 중이나 나의 온 신경은 이미 그를 향해 있다. 현저성을 띠는 자극인 '그'에 대한 인식은 강화되고 그다지 중요하지 않은 풍경과 친구에 대한 인식은 약해진다. 그 덕으로 인간은 수많은 정보의 홍수 속에서도 지금 당면한 과제에 집중할 수 있다. 현저하지 않은 자극에 대한 부주의inattention는 맹목blindness, 달리 말해 망각으로 이어진다.

그런데 이렇게 유용한 기전이 우리를 불행으로 이끌기

도 한다. 어째서일까. 아쉽게도 이러한 뇌의 여과 기능이 추구하
는 것은 효율이지 행복이 아니기 때문이다.

행복이라는 고릴라

뇌가 추구하는 효율의 궁극적인 목적은 생존과 번식이
다. 현대적인 관점으로 바꾸어 말하면 돈, 권력, 대인 관계, 이성
관계다. 단순히 개체에 안식과 행복을 가져다주는 자극은 대개
뇌의 관심을 끌지 못한다. 뇌는 끊임없이 돈, 힘, 인기와 명예를
갈구하고 이와 연관된 자극에 집중한다. 순진한 인간은 당면한
과제의 해결이 행복으로 이어지기를 기대하지만 뇌는 그 기대
를 보기 좋게 배신한다. 원하던 돈을 벌고 명예를 얻은 뇌는 잠
깐의 안도를 제공한 후 이내 더 큰 목표를 향해 우리를 내몬다.

극도의 쾌락이 아니라면 행복을 주는 자극들은 대체로
무해하고 유순하여 현저성을 띠지 않는다. 구름 한 점 없이 푸
른 하늘은 상쾌함을 주지만 출근에 바쁜 우리의 관심을 끌 정도
로 충분히 자극적이진 않다. 재밌는 농담, 예기치 않게 만족스러
운 점심 메뉴, 여가시간에 즐길 만한 취미를 떠올리는 일 같은
생각들도 마찬가지다. 회의 준비, 당장 해결해야 할 업무, 불편
한 사람과의 관계 같은 당면한 과제를 해결해야 하는 뇌는 밋밋

한 자극을 무자비하게 걸러낸다.

　텔레비전이나 포털의 메인 뉴스들이 그곳에 걸리는 이유는 널리 읽히기 때문이다. 즉, 뇌의 관심을 끄는 내용인 것이다. 파국으로 치닫는 국제 정세, 권력을 이용해 서슴없이 남을 울리는 사람들, 잔혹한 범죄, 돈 없고 힘없는 사람들의 억울한 사연. 두렵고 불안하며 울적한 일일수록 뇌의 관심을 채간다. 뇌가 가리키는 방향을 따라서만 세상을 읽다 보면 삶은 속 터지는 일의 연속 같다.

　그러나 세상에 속 터지는 일만 있는 것은 아니다. 책을 읽다 마음을 흔드는 문장을 만나 다이어리에 적어둘 때, 반신반의하며 인터넷으로 주문한 셔츠가 미리 입어본 듯 내 몸에 꼭 맞을 때, 처음 듣는 신곡 노랫말이 마치 내 이야기 같을 때, 살아가다 보면 자잘하게 기쁜 순간들과 마주치게 마련이다. 문제는 우리의 뇌가 당면한 고난에 집중하느라 작은 기쁨은 까먹는다는 데 있다. 행복할 만한 일이 없었던 것이 아니다. 소소한 행복들이 고릴라처럼 우리의 삶을 곳곳을 뛰어다녀도 패스를 세듯 살아갈 걱정만 세느라 이를 알아보지 못했을 뿐이다.

　스스로를 매일매일 슬픔과 불안의 늪으로 밀어 넣는 뇌가 야속하기도 하다. 하지만 뇌가 행복한 영화 대신 두렵고 울적

　마음의 비타민, 살아가는 맛을 유지하고 싶을 때

한 영화만을 틀어주는 것에는 어떠한 악의도 없다. 심장이 1분에 80번이나 뛰며 개체의 생존을 위해 매진하듯 뇌도 그저 자신의 역할에 충실할 뿐이다.

○○ 마음이 때론 마치 걱정투성이에 잔소리꾼 친구 같을 때가 있다. 불안과 기쁨이 오락가락하는 삶 속에서 우리 마음은 늘 당장 해결해야 할 문제와 미래에 다가올 두려움에만 집중하며 마치 지금의 삶이 완전히 헝클어진 것처럼 혹은 가까운 미래에 엉망이 될 것처럼 호들갑을 떨곤 한다. 그러니 불행함이 삶의 전부처럼 여겨질 때는 그저 안 좋은 일만 있어서가 아니라 '지금 우리 뇌가, 우리 마음이 안 좋은 일에만 집중하고 있구나' 하고 생각하면 어떨까. 우리 뇌는, 즉 우리 마음은 그 만들어진 원리에 따라 본디 '괜찮음보다는 괜찮지 않음'에 집중한다. 이는 곧 삶이 '내가 느끼고 생각하는 것보다 괜찮음'을 증명하는 것일지도 모른다.

행복을
연습하다

삶의 조각 기쁨 발견하기

행복을 연습한다? 어쩐지 인위적이다. 거부감마저 든
다. 왠지 행복이란 어떤 조건이 맞으면 저절로 주어지는 느낌이
다. '이번 시험에 합격하면 이제 행복 시작이다', '짝사랑하는 그
와 이어진다면 행복할거야', '행복은 결국 돈이다'.

이러한 가정들이 틀렸다거나 현실과 행복은 별개다, 전
적으로 마음에 달렸다는 이야기를 하려는 것은 아니다. 살아가
다 보면 피할 수 없는 순간이 있다. 해내야 할 때, 버텨내야 할
때도 있다. 도무지 긍정하기 힘든 순간도 많다. 다만 이러한 삶
의 고비를 넘다 보면 잊어버리기 쉬운, 항상 곁에 있는 것들을
되짚어보고 싶다.

마음의 비타민, 살아가는 맛을 유지하고 싶을 때

아이들이 노는 모습을 가만히 지켜보면, 뭐 별다른 걸 안 하는 데도 항상 참 즐겁다. 이유 없이 하나가 뛰쳐나가면 다른 아이는 뒤따라가며 웃음을 쏟아낸다. 우리가 5분이면 가는 길을 아이 홀로 가면 한 시간이 걸린다. 아이의 눈에는 들풀이 보인다. 구름이 보이고 나무도 보인다. 매일 가는 그 길이 매일 다르다. 산책하는 멍멍이 한 마리라도 있을라치면 눈을 떼지 못한다. 아이처럼 누구나 귀여운 강아지 한 마리를 본 것으로 기뻤던 적이 있을 것이다.

선배는 알고 나는 몰랐던 것

하늘은 아름답다. 이를 '인식하면' 행복하다. 하지만 일상의 많은 아름다움이 '인식되지 못하고' 자동적으로 흘러간다. 그에 익숙해졌기 때문이다. 무던한 소중함들 대신 세상을 따라잡는 생각들이 머리를 메운다. 신경 쓰이는 인간관계, 얼마 남지 않은 시험, 마무리해야 하는 업무가 머릿속에 내내 맴돈다. 이루고 싶은 성취와 그에 따르는 걱정이 가득해 작은 감동이 끼어들 틈이 없다.

'걱정의 60퍼센트는 일어나지 않을 일, 30퍼센트는 잘 해결될 일, 10퍼센트는 어쩔 수 없는 일'이라는 우스갯소리가 있다. 중요한 일에 주의를 기울이는 것은 최선의 결과를 위해 꼭 필요하다. 하지만 과도한 초조함은 역으로 주의를 흩트리고 스스로를 지치게 한다. 잘해내기 위한 노력이 '잘해낼 수 있을까'란 걱정으로 번져 오히려 아무것도 하지 못하게 할 때도 있다.

이러한 걱정의 바탕에는 성취와 행복을 같은 것으로 간주하는 마음이 자리한다. 어느 지점에 도달한 쾌감만이 행복인 것이다. 이러한 인식은 삶의 대부분의 시간을, 행복을 '갈구하는' 시간으로 만든다. 갈구의 본질은 불만족, 불충분이다. 현재가 온전히 행복한 상태가 아니라 '아직 행복에 도달하지 못한' 상태가 되는 것이다.

대학 선배가 고등학교 시절 자신의 공부 방법을 이야기해준 적이 있다. 선배는 일요일은 드럼을 치며 보냈는데 하루를 온전히 드럼에 몰두하기 위해 평일에 더 열심히 공부했다고 했다. 당시의 나는 충분히 쉬어야 공부도 더 효율적으로 할 수 있구나(선배는 성적이 좋았다) 정도로만 생각했다.

그러나 선배는 분명 '공부를 효율적으로 하려고 드럼을 쳤다'가 아닌 '드럼을 치려고 평일에 열심히 공부했다'라고 말했다. 물론 그런 마음이 공부에 더 몰입하게 한 것은 맞지만 이는 부수적으로 따르는 결과물이었던 것이다. 그때의 나는 하루 전

마음의 비타민, 살아가는 맛을 유지하고 싶을 때

체, 삶 전체를 온전히 성적을 잘 받기 위한 도구로 생각했고 점수로 치환될 만한 성과를 추구하는 것만이 삶의 전부라고 여겼다. 달리 말하면 나는 신기루 같은 성공의 달콤함만을 쫓느라 살아가는 그 자체의 즐거움을 느낄 엄두도 내지 못했다. 이에 반해 선배는 살아가는 맛을 음미할 줄 알았다. 지금 돌아보면 학창 시절의 대부분을 성적을 위한 효용가치로 환산하던 내가 안타깝다. 선배는 알고 있던 살아가는 맛을, 나는 미처 몰랐다.

그저 그런 삶을 즐기는 연습

성과가 주는 성취감은 무한정 지속되지 않는다. 실패의 아픔도 마찬가지다. 인생은 대부분 찰나의 성공과 실패 사이를 메우는 '그저 그런 삶'으로 채워진다. 따라서 그 평범한 일상에 만족감을 느끼느냐 아니냐가 행복한 삶을 사느냐 마느냐를 결정한다.

신호등 없는 건널목에서 너덧 살쯤 된 아이가 엄마에게 미소를 지으며 감사 인사를 하는 모습을 보았다. 작은 해프닝이고 별 일 아니었는데 그날 업무를 보다가 커다란 뿔테 안경을 쓰고 배꼽에 손을 얹은 그 귀여운 모습을 떠올리면 괜스레 웃음이 나왔다. 그때 느낀 감정은 행복이라 말하는 느낌과 많이 닮아 있었다.

주의를 빼앗는 많은 고민과 상념이 마음을 휘젓다 보면 작은 아름다움은 잊히게 마련이다. 출근해서 해결할 일 생각에 빠져 있었다면 업무와는 상관없는 아이의 모습 같은 건 눈에 들어오지 않고 이내 스쳐지나가 버렸을 것이다. 그래서 연습이 필요하다. 팍팍한 삶 속에서도 피어나는 들꽃들을 놓치지 않는 연습. 이를테면 월요일 출근길이라도 하늘을 바라보기, 지하철에서 매일 바라보는 한강이지만 갓 상경했을 때의 설렘을 안고 물결에 부서지는 햇살을 감상하기, 첫눈이 오면 잠시라도 창밖을 내다보기, 니트를 꺼낼 때는 오래 묵은 나프탈렌 냄새를 맡아보기, 비가 내리면 평소 지나치기만 했던 녹두전 집을 들러보기, 항상 곁에 있는 그의 눈을 문득 곰곰이 들여다보기 같은.

삶을 어루만지는 것은 무거운 상패, 이름도 모르는 수많은 이의 찬사보다는 지친 발걸음으로 돌아가는 퇴근길을 빼꼼 내다보는 복실이의 표정 같은 것들이다. 강아지 한 마리의 귀여움에 다시 기쁠 수 있다면 삶에 얽매이지 않고도 행복할 수 있다.

행복은 현재의 소소함에 집중하는 것이다. 본능은 초조한 욕망으로 마음을 유혹하고 이끈다. 무작정 이에 온 신경을

마음의 비타민, 살아가는 맛을 유지하고 싶을 때

이끌리기보다 찬찬히 지금을 음미하는 '연습'을 해보면 어떨까.
별 감흥이 없던 일도 행복으로, 조그만 기쁨은 더 큰 감동으로
다가올 것이다.

○○　　어릴 적부터 피아노를 참 좋아했다. 듣는 것도, 연주하는 것
도 좋아해 학교를 졸업하고도 틈틈이 조금씩 피아노를 치다가 연습하
던 곡이 잘 되지 않아 제풀에 지쳐 건반에서 손을 떼고는 몇 달 몇 년
을 피아노 덮개를 닫아둔 채 지냈다. 최근 들어 불현듯 삐걱대는 음색
이나마 연주하던 즐거움이 생각나 다시금 오래된 기억을 더듬어 피아
노를 치기 시작했다. 부족한 실력으로 피아노를 연습하다 보면 여전
히 속이 답답할 때가 많지만 문득 깨닫는다. 곡을 멋지게 완성해서 즐
거운 것이 아니라 삐뚤삐뚤 연주를 하고 이를 들을 수 있기에 즐겁다
는 것을. 행복을 연습하다 보면 문득 깨닫는다. 지금 벅찬 것은 어딘
가에 도달했기 때문이 아니라 이 길을 걷고 있기 때문이라는 것을. 습
관처럼 행복을 연습하다 보면 습관처럼 행복하다.

그냥 좀 괜찮아지고 싶을 때

첫판 1쇄 펴낸날 2020년 6월 3일
　　6쇄 펴낸날 2023년 1월 13일

지은이 이두형
발행인 김혜경
편집인 김수진
편집기획 김교석 조한나 김단희 유승연 김유진 임지원 곽세라 전하연
디자인 한승연 성윤정
경영지원국 안정숙
마케팅 문창운 백윤진 박희원
회계 임옥희 양여진 김주연

펴낸곳 (주)도서출판 푸른숲
출판등록 2003년 12월 17일 제2003-000032호
주소 경기도 파주시 심학산로 10 3층, 우편번호 10881
전화 031)955-9005(마케팅부), 031)955-9010(편집부)
팩스 031)955-9015(마케팅부), 031)955-9017(편집부)
홈페이지 www.prunsoop.co.kr
페이스북 www.facebook.com/simsimpress　　**인스타그램** @simsimbooks

ⓒ이두형, 2020
ISBN 979-11-5675-827-3 (03180)

심심은 (주)도서출판 푸른숲의 인문·심리 브랜드입니다.